丛书策划编辑：孙宇辉　钱春华
丛书责任编辑：吴　珂
本卷责任编辑：闫文龙　刘艺璇
本卷责任校对：井亚琼
封 面 设 计：王齐云
版 式 设 计：北京华泰联合图文设计制作中心

图书在版编目（CIP）数据

中国武术研究院院藏清抄本校释. 第一卷，《少林拳术秘录》《秀拳拳谱》《严字门拳谱》/ 国家体育总局武术研究院编写. -- 北京：北京体育大学出版社，2024. 5. --（中华武术典籍珍藏）. -- ISBN 978-7-5644-4119-7

Ⅰ. G852

中国国家版本馆 CIP 数据核字第 20248L3G22 号

中国武术研究院院藏清抄本校释　第一卷
ZHONGGUO WUSHU YANJIUYUAN YUANCANG QINGCHAOBEN JIAOSHI DI-YIJUAN

国家体育总局武术研究院　编写

出版发行：北京体育大学出版社
地　　址：北京市海淀区农大南路 1 号院 2 号楼 2 层办公 B-212
邮　　编：100084
网　　址：http：//cbs.bsu.edu.cn
发 行 部：010-62989320
邮 购 部：北京体育大学出版社读者服务部 010-62989432
印　　刷：北京瑞禾彩色印刷有限公司
开　　本：880mm × 1230mm　1/32
成品尺寸：143mm × 210mm
印　　张：16.375
字　　数：346 千字
版　　次：2024 年 5 月第 1 版
印　　次：2024 年 5 月第 1 次印刷
本册定价：130.00 元
丛书定价：998.00 元

中华武术典籍珍藏

「十四五」国家重点出版物出版规划项目
国家古籍工作规划项目
国家古籍整理出版专项经费资助项目

中国武术研究院院藏清抄本校释

壹

第一卷

国家体育总局武术研究院　编写
中国武术协会　审定

北京体育大学出版社

中华武术典籍珍藏·中国武术研究院院藏清抄本校释编委会

第一卷

执行主编：耿　彬

编　　委：李远伟　杨红光　杨　强

第二卷

执行主编：杨红光

编　　委：李远伟　杨　强　耿　彬

第三卷

执行主编：李远伟

编　　委：杨红光　杨　强　耿　彬

第四卷

执行主编：杨　强

编　　委：李远伟　杨红光　耿　彬

第五卷

执行主编：杨红光

编　　委：李远伟　杨　强　耿　彬

第六卷

执行主编：杨　强

编　　委：李远伟　杨红光　耿　彬

第七卷

执行主编：耿　彬

编　　委：李远伟　杨红光　杨　强

第八卷

执行主编：李远伟

编　　委：杨红光　杨　强　耿　彬

前言

武术，作为中华优秀传统文化的重要组成部分，是中华民族的智慧结晶，承载着中华民族的精神追求。自古以来，武术不仅是一种强身健体、自卫防身的技艺，更是一种修身养性、弘扬民族精神的文化载体。

习近平总书记在二〇二三年六月二日文化传承发展座谈会上的讲话中说道：『文化关乎国本、国运。只有立足波澜壮阔的中华五千多年文明史，才能真正理解中国道路的历史必然、文化内涵与独特优势』。中华民族的文化自信是建立在五千多年不间断文明传承基础上的。在推进中国式现代化建设的征程上，我们要找准中华文化的根和魂，坚定中国特色社会主义道路自信、理论自信、制度自信、文化自信。

一九八三年至一九八六年，国家体育运动委员会武术挖掘整理领导小组统一部署，各级体育运动委员会武术挖掘整理工作小组积极参与，全国八千余名专职武术工作者和业余爱好者被动员起来，开展了我国武术发展史上空前的『普查武术家底，抢救武术文化遗产』工作。经过三年努力，为收集保存武术文物、史料而开展的『献拳经拳谱、献兵械实物、献功法技艺』的『三献』活动，收集了一批文献资料、古兵器和其他实物，丰富了武术文物资料库。

拳谱典籍，作为中华文明历史长河中的珍贵文献，记录了武术的原始形态与发展脉络，它们是武术传承的见证，更是领略与参详古代武术文化思想和技艺传承的宝贵资料。然而，由于时代的变迁和语言的演变，这些拳谱对现代人来说，往往难以直接阅读和理解。因此，在新时代对这些抄本进行校释，不仅是对优秀传统文化的尊重，也是对武术发展的贡献。

本次校释工作，由国家体育总局武术研究院发起组织，精选出三十四份三十一种清代拳械技理抄本，委托郑州大学体育学院（现为河南体育学院）的多位武术学者和专家共同完成，北京体育大学出版社作为出版方协助编辑出版。他们秉持严谨求实的态度，历经长期艰苦的工作，对原稿进行了细致的校勘与注释，使这些珍贵的历史文献得以更加清晰、准确地呈现在读者面前。希望这些努力能够让更多的人了解武术的精髓，感受武术的魅力。

中华武术典籍珍藏·中国武术研究院院藏清抄本校释的顺利出版得益于二〇二三年度国家古籍整理出版专项经费的资助，这是武术类古籍编辑出版首次被该项目立项支持，体现了国家对于优秀传统文化的重视与扶持。同时，本丛书被列为『十四五』国家重点出版物出版规划项目，以及二〇二一年至二〇三五年国家古籍工作规划重点出版项目。

本丛书的出版，不仅为武术理论研究提供了『考镜源流』的史料支撑，也意味着一批清代武术珍本首次面世，对传承武术技艺、弘扬传统武术文化具有深远的影响。同时我们也要看到，对武术源流与发展的探究是一个既复杂又漫长的系统工程，武术古籍点校出版与后续的研究工作，仍然任重而道远，必须继续推进、不断深化。

武术的传承发展与中华民族的伟大复兴息息相关，从戚继光『抵御外侮』的壮志豪情，到中央国术馆『御侮图存』的精神追求，再到新时代基于文化自信的传统武术振兴实践，中华武术无疑是中国人自强不屈精神的生动体现与巩固中华文化主体性的坚强堡垒。我们愿与社会各界一起，深入探源在中华文明波澜壮阔发展历程中与之相伴相生的武术发展脉络，把武术历史研究引向深入。

饮水思源，不忘本初。本丛书的出版，离不开国家体育总局武术研究院历任领导的关心与关怀，他们的远见卓识和坚定支持，为丛书的编辑和出版奠定了坚实的基础。同时，也离不开众多国内外武术学者和专家的无私指导与贡献，在此不逐一列举。我们特别要向四十年前那些在武术挖掘整理工作中慷慨捐赠武术典籍的人士致以最诚挚的敬意和衷心的感谢。正是他们的无私奉献和慷慨支持，极大地丰富了武术历史研究的资料宝库，为武术文化的传承注入了不朽的精神。

总之，中华武术典籍珍藏·中国武术研究院院藏清抄本校释的出版，既是对武术文献典籍的系统梳理，也是对中华文化主体性在武术领域的深刻阐释，更是对传统武术文化的礼敬。愿本丛书的问世能够激发更多人对武术历史的兴趣与热爱，吸引更多人来保护、研究和传承这份珍贵的文化遗产。

古籍文献的整理不可能一蹴而就，本丛书必定会存在一些不足，希望读者批评指正。

国家体育总局武术研究院

二〇二四年六月

编者的话

历史是过去发生过的事情，已经一去不复返。人们既无法使历史重演，也无法回到逝去的年代，身临其境地去感受和体验当时的场景。因此，人们想了解和研究自己的过去，只能借助前人留下的各种『痕迹』。正是凭借这些『痕迹』，后人才可以追溯祖先的足迹，认识人类社会的各个发展阶段，进而探讨其历史发展的规律。前人留下的历史痕迹形式多样，除了传承下来的生活方式、手工技艺、实物遗存以及思想观念等外，还有大量的文献典籍。以文字符号为特征的文献传播，是一场巨大的社会进步，有力地推动了人类知识的积累与传承。中华典籍源远流长，浩如烟海。它们记录了中华文明的发展历程，也是中华文化的重要载体与组成部分！

武术是由华夏文明长期氤氲滋养而发展起来的传统人体活动方式，折射着漫长岁月里武林先辈的智慧和中华优秀传统文化的基本精神。多少年来，中华武术的价值取向、人文精神和活动样式，引起无数习武者『衣带渐宽终不悔』的折腰苦求，从而积淀了博大精深的文化载量和一以贯之的文化命脉，成为实现中华民族伟大复兴的重要基础。在蜿蜒的历史长河中，先辈们在为后人传承各种拳械技艺的同时，还留下了一批弥足珍贵的武术典籍。林林总总的武术典籍，有的辑录于各类官私文乘，也有的独立成册；有的付梓刊印，也有的传抄存世。但漫长的岁月荡涤与时代更迭，造成了大量武术图籍的流失和散佚。历史上，如汉书·艺文志中记录的剑道三十八篇和手搏六篇，南北朝时的马槊谱，以及明人汪伯言编撰的白打要诀六卷等，均已湮没在历史的尘埃中。宋人周密曾在齐东野语卷十二中有言曰：『世间凡物未有聚而不散者，而书为甚。』由于天灾、战乱以及人为毁坏等多种原因，历史长河里流传至今的武术文献可谓吉光片羽，为数不多，我们可于此窥得前代中华武术的技艺踪影，领略中华武术曾经的文化风采，所以武术文献典籍具有很高的学术价值。

二十世纪七十年代末，当时的国家体育运动委员会（以下简称『国家体委』）下发了一个有关武术挖掘整理工作的文件，并在稍后的一九八二年全国武术工作会议上，明确提出『做好武术挖掘整理工作』，随后成立专门机构，制定了至一九八五年底的武术挖掘整理工作计划。当时全国共有二十八个省、自治区和直辖市先后成立了武术挖掘整理工作小组〔一〕。历经三年，国家体委武术挖掘整理工作组共收到捐献的文献资料四百八十多本，古代兵器近四百件，相关实物三十余件，以及约四百小时的技术录像，充分反映出当时各界人士对于这次国家层面的武术挖掘整理工作的支持。针对其中捐献的文献资料，一九八六年时任国家体委武术研究院院长的徐才先生在全国武术挖掘整理工作总结表彰会上明确表示，要把这批文献资料收藏好、利用好，今后的工作重点是整理、研究，准备制订科研计划，以此提高武术研究水平，他还特别强调，『不能把这些宝贵资料放在柜子里尘封起来，要通过整理、

〔一〕徐才：徐才武术文集，人民体育出版社，一九九五，第二四页。

研究发表出来。』〔一〕

应该说，武术界广大人士在为这三年武术挖掘整理工作取得的成果感到高兴的同时，更为当时国家体委武术研究院领导提出的利用好这批武术文献资料的设想而深受鼓舞。因为，如果说农耕社会中传统武术的发展主要靠一种原发型的实践积累，那么进入近代社会后，其发展方式就要求转变为在理论观照下的主动推进。记得一九八六年四月，时任国家体委主任李梦华先生曾说过这样一段富有见地的话：『我国目前开展着四五十个体育项目的活动，其中包括武术。可以这样统计体育项目的数字，但这并不标志着武术位置是四十分之一或五十分之一。可不可以说它在体育中应占一半的位置。』〔二〕无疑，李梦华先生所谓的『一半』，当是指武术特有的历史文化。武术之所以不同于田径、体操、球类等运动项目而能单独成为一门具有自己的研究范畴和自成畛域的学术领域，也就在于它自身特有的历史人文背景。令人遗憾的是，长期以来的文献资料的匮乏以及相关研究的不足，已成为严重阻遏包括历史、文化在内的整个武术人文社会学科研究纵深发展的一个瓶颈，如不加以克服，显然不利于中华武术在新的历史条件下的发展；如长此以往，拥有『统之有宗，会之有元』的中华武术文化根脉就会逐渐发生动摇，中华武术的精神家园就会因此委顿！

众所周知，从事以历史学为基础的人文社会学科研究，文献史料是关键。对此，梁启超在中国历

〔一〕徐才：徐才武术文集，人民体育出版社，一九九五，第六一至六六页。

〔二〕徐才：徐才武术文集，人民体育出版社，一九九五，第九一页。

史研究法一书中曾有一个形象的比喻，他说，治玄学者与治神学者无须资料，不必以客观公认的事实为依据，而治科学者，无论是自然科学还是社会科学，『罔不恃客观所能得之资料以为其研究对象』，各学科也莫不将史料建设作为理论研究的首要任务。

近代以降，民国时期著名武术史学者唐豪编撰出版了他『殆费十余载』搜寻考订的中国武艺图籍考，该书对一些古代武术文献条分缕析，可谓是我国武术文献整理与研究的开山之作；国家体委于二十世纪五十年代，组织人力整理出版的七册中国体育史参考资料中也有部分关于武术史料方面的内容。但自此以后，武术典籍在相当长的时间里一直没有得到应有的重视，几乎成为一个武术界少有人问津、文史界又无人涉足的学术盲区。直至二十世纪八十年代中期，随着武术理论研究的展开，有关武术文献典籍的整理才引起一些学者的关注。如有人点校了戚继光的纪效新书（一九八八年），有人出版了正宗少林拳经（一九八八年）及增订手臂录（一九八九年），还有人整理、注释了太极拳谱（一九九一年）等。十多年中，武术文献典籍的出版数量有所增加，如山西科技出版社与北京科技出版社陆续出版了多种类型的武学丛书，如『老拳谱辑集丛书』『古拳谱丛书』『国术丛书』等，人民体育出版社出版了中国古典武学秘籍录（二〇〇六年）和易筋经四珍本校释（二〇一一年）等。尤其是二〇〇八年至二〇二四年间，由中国书店影印出版的民国国术期刊文献集成和百册之巨的中国武术大典，由台湾逸文武术文化有限公司影印出版的清代易筋经珍本汇辑和齐鲁书社出版的中国古代武艺珍本丛编（上、下辑）及明清武术典籍珍本辑释，二〇二四年初由北京体育大学出版社出版的民国武术文献选刊等，最为引人注目。应该说，这些武术文献的刊印对于武术文献的整理乃至相关研究所起到的作用，是不言而喻的，它们为武术学科的发展注入了新的活力。尽管以上诸书大多为文献汇集，系统整理者少，深入研究者更少，有些文本的校释还存在这样那样的不足，但任何学术领域的形成、成熟总有一个过程。值得肯定的是，武术文献的整理、研究在摆脱了长年的沉寂后终于有了启动。

对于现藏于国家体育总局武术研究院的四百多份本文，在二十世纪八九十年代，因研究之需，本人曾有机会阅览过两次。这批文本品相不一，按其形式分为刊印本与抄本两种，其年代横跨古代（清代）、近代（民国时期）和现代（一九五〇年后）三个时期。而其内容更为驳杂，其中大部分为记述各类拳械技法技理的拳谱图籍，也有早些时候各地出版的武术刊物，另有一些医治跌打损伤类的药方集，还有旨在强身的导引功法类汇辑，其中甚至夹杂数本诸如西洋拳术及空手道之秘诀等非武术类图籍。

文献典籍是中华文化的重要载体，它记录了中华民族的辉煌历程，并延续着中华民族的精神和文化血脉。然而，前代文献的种种价值，只有通过整理、阐释与研究才能得以体现，这是对『存储于原载体材料上的内容进行一次再转移与再迁徙』〔一〕，本身也是一个文本经典化的过程。对于国家体育总局武术研究院现藏的这批文献，也当作如是观。为此，本人曾以口头及书面形式，多次向国家体育总局武术研究院主管领导建议：尽快遴选有关专家来整理、注释这批文献，使其发挥应有的价值作用。经国家体育总局武术研究院领导认真研究，同意了本人的建议，决定点校四百多份文本中的抄本部分，

〔一〕耿相新：中原文献整理史稿·序二，载王钢中原文献整理史稿，中州古籍出版社，『序二』第三页。

并召集了包括本人在内的来自有关高校的一共六位专家，汇聚武术研究院，经过查阅、讨论，剔除十八份破损严重、字迹不清或无甚价值者，最后确定将甄选出的一百一十三份抄本纳入点校范围，同时委托北京体育大学出版社出版。两年后，除少数文本外，点校工作初步告一段落，国家体育总局武术研究院为此在河南登封嵩山少林寺武僧团培训基地召开了点校工作会议。

时光荏苒，数年后国家体育总局武术研究院有关负责人与我联系，希望能在之前选出的一百一十三份抄本的基础上精选出更具价值的文本，争取尽早完成点校工作，交付出版。接到任务后，我斟酌再三，确定重点点校一百一十三份抄本中的三十四份三十一种清抄本〔一〕，并题名曰『中国武术研究院院藏清抄本校释』。点校文本与点校方案经国家体育总局武术研究院领导同意后，即与郑州大学体育学院有关方面洽谈。之所以选择郑州大学体育学院来承担此项工作，是因为我五年来带领的该校课题组，刚顺利地完成了国家社科基金项目『明清少林武术古籍珍本的整理与研究』。〔二〕由这样一个较为成熟的学术团队来承担这项点校工作，质量上应该是有保证的。

在郑州大学体育学院领导的大力支持和全体团队成员的不懈努力下，中国武术研究院院藏清抄本

〔一〕三十四份清抄本，绝大多数留有年代信息，有的则由当时捐献地的相关部门出具证明，也有些无时间记录，而是依据抄本中图文风格判定，如少林拳棒枪刀谱、文武修等。

〔二〕这批明清少林武术古籍珍本，被齐鲁书社以『明清武术典籍珍本辑释』之名申报并成功入选二〇二二年度国家出版基金项目。该书于同年九月正式出版，并在二〇二三年五月荣获全国古籍出版社百佳图书（二〇二二年度）二等奖（该奖前身为『全国优秀古籍图书奖』），这也是武术学界在古籍整理出版方面的首次获奖。

校释历经十个多月时间，终于如期完成了。在讲好中国故事、弘扬民族文化、实现中华民族伟大复兴的今天，中国武术研究院院藏清抄本校释的付梓出版，当然有其多方面的社会意义。

首先，有清一代是武术发展史上的重要时期，也是古代各种武术著述蜂出并作的年代。通过对这批武术抄本的整理、注释，可以从一个方面梳理清代武术历史文化的基本概况，从而为今天的武术理论研究提供『考镜源流』的史料支撑。

其次，对于这批清代武术抄本的整理、注释，可以使中华武术的非物质文化遗产保护究竟应该『保护什么』更为清晰。同时，按照我国法律规定，武术文献本身也是中华武术非物质文化遗产保护的重要组成部分。因为『将古籍的保护纳入到非物质文化遗产的保护中非常重要，这将会形成一个完整的非物质文化遗产保护观』〔一〕，有利于非物质文化遗产项目的整体保护。

再次，这批清代武术抄本均为首次面世的珍本、孤本，具有很高的文献价值。这一方面极大地丰富了武术文献体系，对武术文献学的建立具有重要学术意义；另一方面，对相近的历史学、文化学、民俗学等研究，也有其自身的学术价值。

最后，按文献学要求对这批清代武术抄本进行整理、注释，其规模之大、内容之繁，在当代武术学术史上尚属首例。这既是对古代武术文献校释范式及学术路径的有益探索，同时也为推动武术文献学发展和繁荣我国武术理论研究起到积极作用。

〔一〕方李莉：应将古籍纳入『非遗』保护，中华读书报二〇一一年八月三十一日。

值得说明的是，在对这批清代武术抄本的校释过程中，发现有四个需要注意的地方，这恐怕也是不少清代武术抄本的共性问题：一是与传统的经、史、子、集图籍相比，这批武术抄本绝大部分无论是其版式还是绘图、书写，都显得较为粗陋，加上某些字体书写不规范，有些又过于潦草，故辨认较难；二是由于武术技艺是种动态文化，故抄本中记录的有些拳理技法今天可能已发生较大变化，有的甚至已失传，另外，文中夹杂的一些方言俚语及隐喻等，也较难理解；三是有些抄本中开列的药方，因条件所限，目前尚难甄别；四是由于在长年的流传中，一些抄本页码错乱的现象较为严重，需要参照其他相关文献加以校勘厘定。

『钩沉稽古，发微抉隐』的武术文献整理、研究是一项需要『坐冷板凳』的工作，这在武术界尚属起步阶段。所以，尽管课题组成员对此三十四份三十一种清代武术抄本本着打造『学术精品』的责任心反复核查、审阅，但必然存在一些舛误错谬之处及不尽如人意的地方，祈盼读者不吝教正，以共同推动我国武术文献学科及武术理论研究的不断成熟和进步！

周伟良

二〇二四年六月记于杭州寓所

校释凡例

一、本书整理、注释的中国武术研究院院藏清代武术抄本，均为首次面世的珍本、孤本，方法上难以用对校法进行互校，故而有的采用内容相同或相近的文本进行他校，也有的依据文中前后语义抉摘其异同；而对文中所著录的相关典籍资料，则采用原书进行核校。

二、所校释的每种文献都有一篇提要，简述有关该文本的版本特点、编撰（抄录）者基本情况及内容梗概等。

三、校释中所引用的符号：

（一）凡［ ］中的内容，为校勘出的脱文。

（二）凡（ ）中的内容，为对校勘出误文的修改。

（三）凡〈 〉中的内容，为校勘出的衍文。

（四）凡【 】中的内容，为原文本中的小字或注释。

（五）原文中所缺佚的文字，一律用□标出。

（六）如校释中文义相通而文字有异者，依原文本；如两文本文义相异，则在注释里予以说明。

（七）文本中的俗字、异体字，一律按今通用字，视情况酌情注明。

（八）对于文中难以辨识的字，则按原字剪贴注明。

四、对于一些抄本中的页码错乱现象，则按其前后内容及参考有关文献图籍予以厘定纠正。

五、本书在校释过程中所引用的今人研究成果，均注明其出处，以备查考；对于一般性古籍文献，为节省篇幅，仅注明年代、作者及文献名。

目录

少林拳术秘录

提要

少林拳术秘录，一册，著者不详，行书字体，间杂草书，无版框，封页及谱名为后人所补、所署。据封页题记，此谱原为江苏镇江袁达文于清道光壬寅年（一八四二）农历六月誊录，上有『江苏镇江著名武术家、骨伤科医师袁松林公武术秘诀手抄孤本』和袁氏曾孙『袁欣白珍藏』字样，以及袁欣白朱文章一枚。此谱于二十世纪八十年代在全国武术挖掘整理工作中由大连重机厂的迟学元捐出，现藏于中国武术研究院，院藏编号为G852.15-15。

现存的少林拳术秘录为残本。就内容而言，此谱汇辑了多家拳法、拳理、拳诀及伤科药方，既录有拳经拳法备要的内容，又录有乐家短打歌诀、绵张拳法和范文晤拳法等。其中关于绵张拳法的记载，是此谱值得重视的材料。

范文晤拳法录有『三论』『五法』『四诀』以及圈子双进手、圈子招扎、采领靠墙等技法。最后的秘传伤科药方部分，绘有三幅穴位图，录有穴位受损的后果与医治方法，另附有多种跌打损伤药方。然此谱中部分内容的字迹过于潦草，难以辨认；且俗言俚语较多，如『讨笋』『怄膝』，又如『呼、喇、叮、咚、革、扎』对敌六字诀等，增加了阅读难度。

少林拳术秘录影印

子袁達文於道光壬寅年手抄

孫袁保如曾孫袁紫欣自珍藏

江蘇鎮江著名武術家
骨傷科醫師袁松林公武術秘訣手抄孤本

道光壬寅年荷月穀旦謄錄

玄機和尚走盤步式

走盤步法是顛踮
順推反托上下量
手出胸前能護耳
側面收束不可當

呆法架當以此法爲程時側面之式也

大鐵闩法

習傳少林寺玄機和尚身法圖

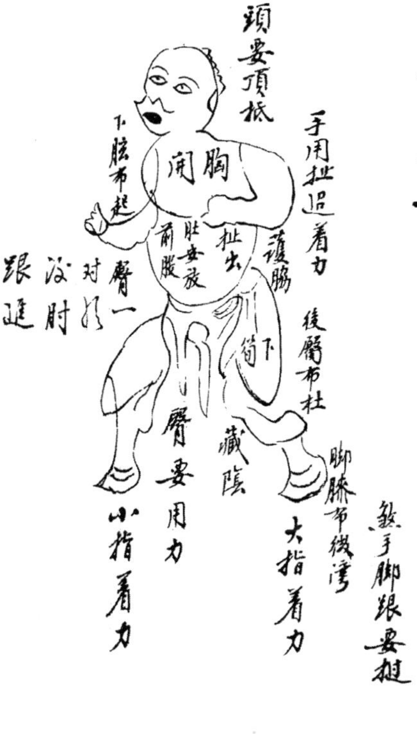

中平為闩肘上馬展翅蹬下馬拱首法皆從此出

鐵闩之勢因人施傳左右隨所之進攻肘上馬展翅蹬下馬拱是肩也

纏踯倘閃式

一團和氣是纏踯
倘來閃去反順拖
百骸滑緊一齊收
手打抓拿掃眼窠

巳出捶掌式

翻身用个倒海勢

此圖與大鐵門無異

捶掌巳出用直肩

撩陰一着誰能曉

翻身倒海果然去

拗步一掌摩云前

站步式 猴拳淫與他

童子拜佛手胸護
上用面去下搬擋
翻身蹤跳隨人變
腳法飛鷹捕千軍

鐵拐李顛蹤式　醉步叢中生出　猴拳叢中化出

鐵拐肩靈布靠

腿法虛懸顛

進出刁手勾挽

似瘋癲伸縮

圓活易爲力

肩靈代靠勢右足懸縮一圈右手放在腰邊

進步閃讓肩手肘代靠最爲猛狠

猴拳式一身縮緊 用蹤跳

猴勢緊縮是跳蹤

縮身之時聲要叫

刁手撥之亂摟攘

周身專打摽穴道

蹁躚式

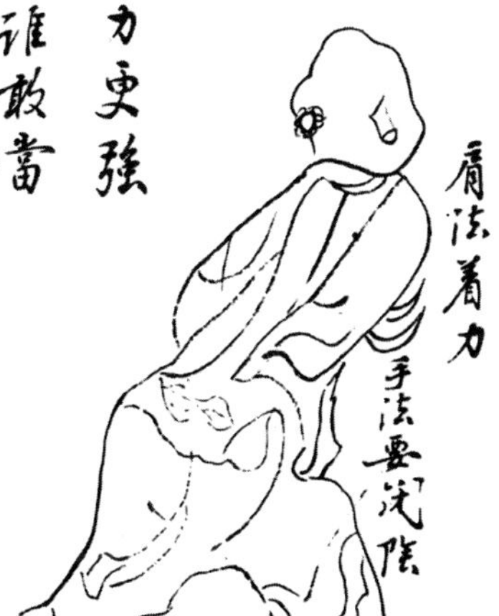

蹁躚之勢力更強
突出肩分誰敢當
閃陰跟進急趕上
隨後一腿要緊忙

八仙醉閃步式

脚懸顛趾式　又名金鷄獨立　亦名寒鷄步几提步

撒步皆從此出

横行勢

此身法最得勢又猛狠不可不習練此圖也

獨立金鷄醉步行　直來横去弄精神

顛顛倒倒如狂様　肘拖肩讓無可親

横步此中生鶻步亦從此生也

漢鍾離葫蘆式

葫蘆用肩玉山頹
倒前倒後骨節摧
四維八海膝必蹻
讓來讓去托耳腮

玉山頹樣凡閃步跌步躲步蕩步拗步皆從此生回了步亦從此生

讓肩倒前後從人進回縱勾步亦從此化

左肩出势力式

左肩出势左手挑
左手一披随后抱
双挑来奔地角嘴
用拳后追无可交

垂肩布靠式

四顾随人专报攻

两手分拗是肩侵

左右用靠不能接

绕悬耕地骨反筋

四顾随人敌而走

戲珠大法式

勢珠一肘望胸堂
右抱左旋不用忙
翻身進步連環轉
閃陰就下掌陰囊

揷花手大法式

翻身用个笊籬手總要

縮緊為主

揷花手卽是撩陰
胸前一掌誰知音
轉身挽用笊籬手
鼻上扎下掌沒跟

手法用撩陰

閑陰打大法式

閑隂打那人不知
縷囊一掌却也奇
翻身一腿隨人意
縱遇高強必被迷

直肩馬步

泰山壓頂大法式

泰山壓頂最難當
胸前一扎腹斷腸
誰人打得其方遙
可以稱雄世無雙

如勒馬狀樣

短披法式

此身法最緊密　學者宜先習此身法也

歌曰

身法宗源
一披爲先
後之學者
從此推焉

知披用靠肩臂掌跟着力也
然翻身用乍低海勢撩陰一把
不容易

左手交右手夾中外边盤皆可進身手而肩背從虛處進譬如夾中边盤則從人腋下進手從人腰出腳從人腿边射進是也餘皆倣此

勒馬步揷掌大法式

勒馬步勢最需狠
邉中外跪提步時
仙人現掌陰腮打
手法收來撩胸堂

小鐵閂大法式

鐵閂懸步最進防
用閂用手又法良
單來雙破隨人變
雙來手攔仍君量

隨手書打單來雙破双來單提此法最妙

但不可道破此真秘也

横秋师先生手授秘訣　或人问答歌

问曰勢雖脚不穩何也　答在勢去意去

歌云　勢要去兮要執根意旋回時身不穩百骸筋骨一齊收

緩手便順何須恐

问曰弱可以敵強何也　答曰在偏閃纏那

歌云　偏閃空履扳山力纏那乘虛任意入讓中不讓乃為虛

閑處翻來何地立

问曰下盤纏上盤何也　答曰在伸縮虛實

歌云　由縮而伸帶靠入以實擊虛昌為力下盤力足管安此

揮掌托掌難兩敵

问曰斜行並閃步何如　答曰在避衝逃直

歌云　避衝飛斜勢難當逃直非閃也難防用橫直用急趕

上步那步傍跌見傷

問曰裏裹與外裹何如　答曰在圈裏圈外

歌云　圈外自裏裹打闖圈外自外裹入來拳掌响處無間

敲骨鑽髓殘山也類

問曰纔長又纔矮何也　答曰在捧上撲下

歌云　身長捧上正相宜身矮撲下一般齊眼鼻心口腎囊下

不遭打損也昏迷

問曰短打破長拳何也　答在短兵易入

歌云　長來短接慣入身入身跌撲好驚人裏裹打闖左右角

外裹打入窩裡尋

問曰躲步能纔人何也　答曰在用堅墮脆

歌云　堅躲濡手沒躲箭脆且知人沒足線用肩推靠不能

揉膛腿鉤撻隨人變

問曰身法能厭人何也　答曰在推山倒海

歌云　一身筋力在肩背帶靠陡來山也愁翻身用个倒山勢
　　縱然波浪也平休

問曰拳法能克敵何也　答曰在拔竅遵竅

歌云　一身骨節有多般百法收來無空間誰能熟却其中妙
　　恢恢遊刃有何難

問曰拳起能百响何也　答曰在陰陽約化

歌云　陰變陽兮陽變陰反掩順打不容情外手纏來懷中出
　　兩手搬開避耳叢

問曰鉤挽能進身何也　答曰在柔能勝剛

歌云　拳出腿來勢莫當鉤兮並托棄柔剛　若人犯着鉤挽

手隨身横托不須忙

問曰用纏能戲人何也　答在上推下擊

歌云 兩手初加亂摟攘 無心思勁下盤傷 横直撇將應血道

從是英雄也着忙

問輕鈎能倒人何也　答曰左手不左足

歌云 承手牽人將次顛 用脚一鈎適自然 指足妙在向身用

微〻一縮望天撇

問曰跌法能顛人何也　答曰在乘虛因勢乘虛而入

歌云 好用機見勢因之跌 更奇一跌不知是何去 千斤重体

似蝶飛

問拿法能苦人何也　答左反筋紾骨

歌云 臂力千斤真可奇 骨節乘拼任施為 緊拿不許鬆〻

放神速來牽莫鈍遲

問曰抓法能破体何也　答曰在便捷快利

歌云　進退輕跳稱便捷伸縮圓活快利闌体破血流處處是

指頭到處多疤痕

問曰伸手如何操持　答曰在收放拳舒

歌云　時常收時放是持舒少拳多用更奇一發难音無变

計不如常守在心頭

問曰拳法何由得精　答曰在熟不在多

歌云　拳法千般與萬般何能精透無疑难須知秘要無

差漏一熟機関不用談

雄則緩急則緩捷則進身揮掌兩分持進則推山倒海

敗則兩散分消

迷拳序

凡人之立勢有前有後有左有右前後左右而直攻之謂之正前後左右而巧攻之謂之奇遇正則体健者勝雄者勝遇奇則体健者失其健力雄者失其雄皆出于意料揣度之外者也故人掛而彼人披而彼托人托而彼搬人搬而彼削人削而彼遁人遁而披角拳出拳分莫之參酌拳入拳內莫之醒覺變幻無窮之吉偉擬因其不可端倪故曰迷拳法

第一節 縱上劈下

敵人當面來我步右御進右御甫及發右御縮相就步見纏見行左拳輪打去拳打纏加時右披反輪救救時顴骨跌望上一揭驟揭驟怕停留裹頭在斜觸人

見我溜時誰知閑隙没閑隙恐空發翻轉收披計

第二節烏龍戲珠

敵人當面打来我左抱斜裏去斜進繞到身右拳戲珠就敵人走左邊右抱左戲去彼將手来打抽手托身計人見護己身誰知閑隙没〻要當收時反身双披驟要知敵人長此拳不可廢

第三節黄龍抱蟬

左肩出勢立左拳横打去〻繞及顺右拳旋抱救復起堅肘来照心一座計敵人非不没退骨脚居其没力雄难跌他斜步閑隙遁若没赶進来双披反多驟

第四節鳳凰展翅

左手抱頭顔右手切將去右手抱取顔左手亦如此倘

有敵人披兩手斜漏去左手反披來右手反披驟右手甫及時左手橫拴凑此乃敵左拖敵右無双计筋節要打熟々任他展翅飛去

第五節 闲陰掃陰

我若前去趕上左掌就須知陰上加翻身右掌㪚若身敵左行右闲难將就若敵㢧左來將身右边溜𨓈也要闲陰橫壁損不去若要打將真撩陰終打透

第六節 太山壓頂

若知太山壓左右反輪劈々他步施風橫步不可歇步若可用長丈餘骨鄉跌於中要々求熟々一節壓一節壓々未為奇誰知節破々々打得其方那骨人攧跌也

迷拳終

樂家短打歌訣

首節

裹進橫打拳好打單肘進脇如鳳霸王留下一張弓箭

打难弦着重

二節

單手曾劈双拳纍身進步如鳳動問君子有何能

撩海一拳着重

三節

進步撩陰一鄉拳來須用手把兩拳進步似鳳魔溜

空就使庄鄉

四節

力氣劉強有打拳來須奔血脅眉叢一掌使脚踢

收下鍾馗抹額

五節

左手當先按定右手就下無情左拳起右拳封脇下

填拳就進　　欒家短打猛

外死手　　冷孤手

拳來拿他要緊左拳遮脇當來回脚左來要承右之

肘隨承莫空拜掌填拳須急兩脚体得閑肱有勇

敢西相競難施冷孤手一弄

揮花手

拳來左手緊托右手掩脇直攻敵人手面要從下盤

來兩手膝脚　難遺更即將肩兒望前抱其跌最

出難保勝

玄壇打恭

左手叢双手傍左砍右手来傍右砍他若自下犯上来我用蹤上劈下反砍肘須用手法靠々肘須用挖法妙若如御步聳面々斯人傾跌如山御

農夫牽牛

他用口咬住我衣將手扯住自衣不可打他可用手打他嘴唇下一鈕將御一鈎跌之

大膝跌

敵人將手劈打我也急々推開閃身進步背上揍右手扳肩左扳腿背起玉山望地推開頭御腳尖難罷

小膝跌

他人右手打来吾將左手推開更將右手左边来扳肩

背起御踢更加膝臂搖起来塲中抛毬喝采

套袖跌

双手套袖極多力故意帶来出手𢾾他必把持拖過去順勢推山遶脇肋跟恐他步退回没須先勾鄉要来疾上推下縮倒地畢直

仰臥壓跌

我身仰臥尚未起他將身体壓下矣他身將壓下我先腺頭縮將起膝頭頂肚兩边空一翻跌下我爬起了来騎了他身凶任他有蹲起

仰卧没贏跌

我身仰卧手御直手边来用靴脱御下又有人来疾一脚勾手一脚踢他人顛倒吾起来先輪没贏

稱莫敵

童子拜佛

手分明左手腸下承重若得回〻勾脚那怕他事異
雄揉花手練分明隨手當賣弄

葉底藏挑手

左手推開手肘右手陰下無情復起拿他手要雄左
拳耳边便進左手復下承住右手又遮耳叢動間居
子有何能葉底藏挑果狠

鞭頂肘

劈面掌来甚急顛倒鴛鴦拳逼脇下頂肘要来緊豎
起面上金橋復下来承住右肘逕遮心坐拜掌填拳
要緊方顯鞭頂第一

鞭逼肘

拳起須將手逼〻他不可放鬆橫拳急〻坐肚衝轉上承他莫鈍右手劈他就打拜下掌填拳難停須知鞭逼最雄明勸君切莫輕進

分洗手

右手推他右手右手急進搥胸鳳凰展翅向陽分纔有劈力難動左掌淄去右掌顯出五爪金龍一肘皮破血淋身方知分洗手狠裡死手

窩裡砲

右手双掌推出左手拜下抽齊來敵將退步急閃閘誰知填拳損壞但知拳進甚速那曉羅步跟來窩裡砲响实衰哉縱以金剛難擺

還勾手

右手披他右手左手推護各腿還將右手就勾來他手縱起何在劈頭一拳砍去頂上疼痛难挨拜掌填拳遮心懷方知還勾利害

五橫手

右手拿他右手右拳從左斜撞起處便是面顏孔一肘看懷便進豎起貼面金橋拜掌填拳緊跟驚去七魂而三魂方是神拳五橫

六平手

手上加手推石飛起掌遮耳腮未縱員過左邊左來掌依然不怠右手一肘進去豎起金橋飛來拜掌填拳便進來方知六平手古怪

二便手

手起加手推出眉窩心穴掌來左上右下好安排勢中帶靠爲最右掌傍身上臉拜掌填拳進懷〻〻便手起好戲珠縱歛千金無碍

仙人躲影

他人右手打我〻將左手推開閃身背後却左更募右脚勾得他若殘健倒右我亦順右加推吾將右脚先勾來躲影顛跌莫怪

小兒拚命

双手推開右手右手急遮陰來轉起拳兒面上栽拜〻掌填拳莫怪

令公觸死李陵碑

右手打来左手托闪 左手打来右手托闪〻在背

進膛是良方

眼法

裹手江拳須要活進攻托肘刀分支斜江推步真

方法不得遲方手足遲若要遲能還要熟長将

兩手必支持

打法　步法

丁不丁八不八要進就進要發就發他若動手

我將脚踏

轉手法

進步摘心肘膠心摘胆拳依頭知掛臉翻手小足臁

滿肚痛

拳來當心窩打我〻用左手挽開右手要下遮陰事來後起上面爪下一拳望心挽進誰想上勾下推有人塲中叫苦哉滿肚痛难擺

醉八仙引

醉也〻〻多八仙頭顱兒會觸比周顛用肩誰敢而周旋臂膊兒跌樣坐手肘兒如雷電拳依程掌如風烟膝兒起將人掀腳兒勾將人損破削折拿誰敢先分範兒如狂如顛步趨兒東扯西牽如最人难留戀〻洞仙踪打成一個京冠飲玉天

臺節 要孩兒 分洗手

漢鐘離酒醉仙葫蘆兒肩上懸滚來滚去隨他便〻〻雖則是玉山頹樣也須要躲影〻神仙膝兒起撇兩邊

起時肘最緊手足硬牽前蹈步帶後推肩

二節

韓湘子酒醉仙竹筒兒手拍拈輕敲重打隨他便〻〻雖則是裏〻外裏也須要拜掌顛拳魚鼓兒聲〻填打時須知掃陰現去時躲影未要蹁躚

三節　大蹉跌

呂洞賓酒醉仙背上兒双飛翻披手披足隨他便〻〻雖則兩手如尖也須要直刺牽拳反復步要分偏〻時肘在陰陽囊見從上劈下石壓山顛

四節

曹國舅酒醉仙手兒裡壓〻翻直肘橫肘隨他便〻〻雖則是分步齊進也須要劈膊渾堅頂肘閃頓肘殿生

時難知分坐蓮劈肘右下左劈分

五節

何似姑酒醉似鐵笊籬懷中現笊上笊下隨他便〻〻難則是鸞顛倒鳳也須要側進分偏指上笊緣跌鞭笊時須知血又見長伸短縮通劈如猿

六節

萬果和酒醉似塊的是飛鷰艷上勾下挽隨他便〻〻難則是蜻蜓點水也須要攤開爭先眼又緊望下邊望時只怕腿尖見挽拳挽腳裏進填拳

七節

時拍板酒醉似拿的是鐵果片拿來拿去隨他便〻〻難則是金線纏繞也須要骨反筋偏身飛窮採折堅

採時推托人前面拿拳拿復手緊

八節

鐵拐李酒醉仙形帶的金剛串左形右撞隨他使〻〻雖則是黃鶯磕分耳也須要腳肩先腳必灣〻好勾臁勾時鄭重人沒面上推下跌分倒腳撒

綿張叙

壽春壽州也有八仙公遇一遊僧眉考過臍疊彈(禪)坐于菴〻下數日無飲食人皆異〻惟有泗洲性公懷家負力給採樵為活見僧端坐問僧有飯店否僧曰無性公每〻設饌供之僧謝懷曰汝恩多矣吾有袖裏金不拟授與公當謹記極拿跌打應變無窮公傳與主傳與賓〻

傳與僕傳四世藝高海宇名震兩京了未嵗不計其數於祖往山東販綿路遇賊窃去綿貨公用神法制住賊人跪而告曰愿留大名曰吾乃壽春名家販綿生理賊人抱頭而走訛傳綿張乃是張公滚也

吾雅乃綿張　存留産壽陽
學成文武藝　拳法世無雙

正語

我本壽春一武官　歷代傳為作師範　俗人秘
我是綿張其實袖裏拿不換

拿袖法

舒移立勢袖填拳掌按陰陽次第間審勢分明

知縣閃長將刃手掩胸前

戲長拳法

拳如霹靂勢若奔雷探身如常戲嬰孩撞見天神下界　綿時曰

你身喝我〻也不須身動拳來打我〻也不須拳迎讓他勢過我也不須驚我用手輕舒定準

猴拳丟勢歌

兩手揸開望後掀掌背向左〻御懸若還向右亦如此蹤起手將前後顛翻身再蹤如前樣招着身兒亦血解左上右下顛倒顛東挨西擦跌為先

摘打歌

他人拳打我来用右手撥開右手撥他背後掩右腳

儘力一拖就倒捕手亦可

十字跌

敵人乱打我吾用十字跌更兼脚骨他此跌最狠々要進不避々却無些用若還慣用他何怕人比並

進步法

他退我進我閃他緩我攻他忙我急轉身拗步照前也一樣

跌法

肘跌肩先下拳伸膀必查若用左手捶必覓右脚跟轉身拗脚照前也一樣

身法

兩人对敵要推詳身体從容不用忙破敵全憑一双

眼懸拳須用側身防他拳放過須忙進膝下輕須难
抵他要短拳敵長手跟拳生來背指好戲珠拘挑拘
挽任吾為藥底落挑望膀進更加拿扯扯三枝撩陰搗頂
為常事拜拘臍素不难遲趕進双枝插花手承回勾
脚王山低

伏腿歌

八進身來攢腿加拳來須用托無差懸起脚來踩前
去刀掌抓來顛倒差敵人閃去顛翻進承上勾回摘
手加吞還硬蹭復躍起望陽一膝手拿抓

摑拿歌

刃掌顫顛好抓拿撩陰搗海不放他更兼摘蹤將前
去五爪金龍面上埋裡手推拘元光上外手勾攤脚下

来君还手起拳掌前平分一洗王家額

紧眼歌

双眼睁了要進多乘空滚柔不狗情有腿来時切挽接百不失一号金精拳打手違難遮掌撤来托去任君行不怕来人手似箭骨他分寸不容針

中攔勢　摟帶棒出節

偏身中攔僅尺餘鎗棒来時挨托出探開器械還勾出當心一点決無疑君還復手望脚進隨手隨頭一櫓出櫓出急来鶯磕耳横金一步莫差厘

大當勢

敵人高来勢極凶大当々棒不容情当時急刺丢賺計归来攬却搗鼻冲敵人能閃兮空發紧跟一棒劈腦分

只恐他人器械熟施風一去莫停踪

大剪勢

敵人使下滴水鎗大剪之勢正相當復起劈破連心計
又恐敵人鎗復鎗攬捉鎗分勾闌去鎖眉搗顙不能忘
他不復手逼來緊斬截之棒無相防

棒觧勢

他人使下齊眉殺我把棒觧托起來他若變來顛捉
勢我用諸破亦宜該復下撩陰並剪撥定懷一点莫
疑猜他若再來分闪立一披一揭鎖喉來

大弔勢

他人最好中平鎗我用大弔把手傷復下棒稍理腳
打拖回鎗棍难分傍又將棍頭弔手去傷來顛檔

不須忙抽身斜滑閑陰上翻身披削更能降

齊眉殺

他人詐鐵牛耕我用齊眉殺反雄雞顛

范文晤節之老序

不才忝在武中十有八九矣幼年習藝幸遇名師教某苦練摩擬方可談武迄今並未失口於人虛名頗廣所以然者不過少得拳中之治拳中之靈拳中之訣耳每尋師訪友二人舉手即知剛柔斜正粗細決疑恨難復遇高人指示予也未孫凡學武者無論中年少年之人謹記不可胡行亂語存心省悟然後可得一着以後逢人不可輕易說訣如深談者恐他人留心日後不便悔之晚矣逢人比藝起手我肩眼对他心窩豎穿衣我肩眼隨手起隨手應左右當中隨我進了得

妙入得巧便是金刚也跌倒不發以着手為主自己認真切勿心疑則拗五方四面能招能架在乎身手步法之灵妙耳文武二字乃大丈夫所為寧可失礼不可失足果能精藝無敵亦是人生之英名云尔

發着論

法曰凡用起拳之道其淡如水不動則可動則驚人莫比（似）假似真似虚似実其法莫測既無形影又無樣式可憑也又無跌打扣助只有三法隨身之手步法而已思之有味客問曰此法着乃人所未聞罕見者其中沒法果何如予答曰不問則可問則难盡莫比何也手不離圈子圈拳無敵也任單手双手左右前後上下高低心到口到身手步眼一齊到手不差步不錯身不疑三法不相離非心难脫方寸地疾速顛翻則審其来人無法可偏閃躲那不發如山發則傷人指敵者桑底身未入步全無步未連環阻攪走衝緊近他若粘衣犯我討岦全在六个字眼惚喇叮咚華扎有人相摹拳法着

訣不遇明師怎得知容嘆曰如此法真難測也

圈拿真論

圈拿五尺圍圓所取者能大能小能放能收不過方寸其圈有百靈百巧之妙有等諸公亦效樣式便自稱圈悲徒效皮未識圈中之用度也見常道中也有圈裡圈外之跌打其圈與我大小相同圈拿有着他有剮有柔左右前後上下高低一切短打皆不出此圈中之理凡有假托者对手一迎便知真假立办矣 即所閃手也

用法論

走難妨走中之真難防不妨跌了去防者見閻王

發者理一直椅東愰〻西愰〻左近〻右近〻还是當中近法中有个近裡近一近之間沒了命心穴夹穴与臍穴三法全憑鎖喉穴平中还有封門穴三法走三法衝三法緊三法要帶近週身都和應左招右架目無人他若横行我有閃若有此法着手不動手不動腳不離三法要和宜三丈五

只照樣起這法隨濟裡那怕人多誰我擠人丢丢你丢丢人人都
来丢三法何曾見若不醒師傳不出不必丢

神指法

来者劈面打我隨顛蹴進右步進正當中將右拳指他面速下封臍撩
陰囊疼速招架顛蹴按穴道左右肘夾穴心穴正臍穴翻出跌去定昏迷

除魔法

我去我自去一進难阻滞你無出入門近不得出不得左右當中動不得
千着成何用一着見高低這是真傳法驗過方知惹不得

又法

粘衣犯討巧遍手犯圈拿開合隨顛蹴劝君休使蛮我有三法蛮若
還蛮得去三法何須制招架不清利恐候及手也圈子不精熟當面
难顧也起手審虛实心清不乱也三法不齊躲避不齊了手也

入手法

彼手不紧前手弱彼手一紧前手硬步眼不显分难紧步眼不显審虚实〻〻云彼我步紧我步一紧人不测才手步法真难识

醒心訣

未学人奔我既学我奔人未下我先下未起我先起道理虽尽配合在此间远近由我意何必另打関

如意訣

入步端當中起手鎖猴拳進门分左右入步骨刃边左手人上掐右手人上架中间人犯拿彼上人犯跌君横行我闪法起手連三紧神出鬼入不尋常有人識得其中意天下横行敢當

交手訣

一通二胆三拿四紧喝到步到身到手到四事俱到不怕不倒切

記上指鼻尖中指肩尖下指脚尖此此三法俱对起手来者自然

大空係法發平中一點真难發華扎一声飄出去這法実是真拳法

逼手法

拿是圈中圈逼手審輕清短中若带逼手訣遊遍天下是名人動问逼手有何能逼手一逼不認人圈中若步逼手訣圈拿之中也無根一逼二紧三法脊至六寸之间週身無空隨君隨進能闲週身穴道飄来復去之理彼有千着之拳交手一逼除疑若論一切短打惟逼手莫測其妙也出入一条線手法不見面説打不是打跌去不是跌他法不見面穴道不可藏自细思量起這訣不是訣

總訣

凡用打着處要咬牙要小步要速起手識邪正入步審剛柔变化隨心轉

敵者难抵當上着封门拳隨手紧思心放胆一直近高低遠近都相应

圈外厘圈々裡实只宜進不宜出中着用紧换手用紧指拿用紧他出用紧我進用紧高低用紧左右用紧週手用紧或带扎起手常代三分扎着々不可離扎下討岁左右跌敵者討岁遇跌者討岁遇力者討岁遇剩者討岁遇难者討岁遇人多者討岁週手随便討岁左挪移進右步左手揭他稍揭稍拳下实难熬左偏闪進右步正當中斜行劈面打随手鏨々而不显身鏨

師傳秘訣附録

既發莫留憐々々他心変他心若一変我心忙似箭齒咬肚吸脚指巴氣凝手肄手活眼下不乱視心切眭恍胆大要速宜紧古者文武皆是一理今人所学如順理者得学易学则成通理者或乱难精任居智通夫子不遇明師莫強為凡人数学須要学成不可秀而不精尋師訪友全要心灵惟巧論学武者全要手快眼尖無休無厭

無不成矣若論外教比如広佛遊僧穿法打樂器混哄良家子弟有何好處安人学之無益若論短者如此善知釋敎因萬法皆空俱以晤徹一問百答果遇明師真傳実学々者倘逢大敵當前面不失色靡不亂法上下左右豪得清白起手步入反正俱清無影無形去得真入得妙順力依法出入不亂大小才法用之不錯手足俱齊緊快相上下着跌寧可精多而不用不可用少而不精也

范二序　附習武功

習武要明剛柔虛実斜正之理剛在他力前柔在他力後近如風剛柔得休虛実者虛不虛実不実之謂也斜正交行　陰陽配合他若直誤我行斜他若斜行

我直進子午　而对爲正五行走步跳躍爲五行淂人在旧力已盡　新力未發之時　一問百答　一問而不答者如痴聾瘖瘂之人面力也

圈子復進手

他起右手搗來我上右步起右手一箇圈子对就还他对手進跌　再或揤上左步双進手

圈子管四面

他起不起我上右步起右手當中一个圈子步下显註他手上一緊跌　倘右邊有人上揤右步起右手反拳鎖他喉下一緊受跌　或左边有人上我上左步起左手反拳鎖他喉下一緊受跌　或當面有人上我還他一个圈子　依然還他一緊受跌　若後面有人上我急

出右步用肩眼田手下一腳受跌圈子進步法

逢人不可横對

他起右手搗来我横上右步起右手一个圈子骨他右边他左手或上来勾我右手我落右步将右手反拖反出傷他急出右手抵他胸膛一腳受跌不上右步起右手連胸腿一扎往開一單攢受跌

圈子双手打上摔上 此着可用

他起右手搗来我上右步起右手一個圈子骨他右邊他或落步我上左步起双手從他面當中打下受傷不跌双手從下往上一摔受傷不跌再双手打下受跌

圈子招扎

他起右手我起右手一个圈子他右手搇我將右手往上一緊不能上臉他左手打我脇我將右手往下一扎傷他左手他右手若要起我上左步起左手往胷脯一緊受跌

圈子右右進

他起右手我起右手一个圈子他左手起我落步我上左步起左手往他懷中搇在胷脯上一緊受跌

圈子再圈進步法

我上（横）步還他一个圈子他來抱我了挪上右步起右手当中搇他心窩或嗾下一緊受跌不倒上左步一緊受跌

我拿圈子他來抱住我

他手起不起我上右步起右手一个圈子他便上來連身抱住我將右手搋他食囊不俱那一處自盡身一落膝往他左边攢他受跌

前提當

或右拳往他栽他若一鬆我拗上左步双手隨便搋他那處自盡手攢他往右攢摟抱跌

我拿圈子他左手搋來

他起右手我起右手一个圈子他便上步起左手打我右手我右手往上一緊他左手不能傷我下上左步双手一緊受跌身或擺閃一个圈子

我拿圈子他落步等我

他右手一起我起右手一个圈子他落下右步起右手搋

我胷我挪閃右步搌閃一个圈子搭上左步双手在他心窩處一緊受跌

我拿圈子他落下右步佃起左腿搌我他右手起我右手一个圈子便下左步没墊起左腿搌来我上左步起双手當面抹下連腿受傷受跌

他圈子犯我逼手

我起右手搌他々起一个圈子拿我々右手直往他家一逼就搭上左步手緊他々落步我上步緊受跌

採領靠墻

他右手採我領拿住墻上緊我右手搌他夹窩也處上左脚往傍一伸有虛一到他一靈我手一代右手撩他喉下受跌

採領連身靠捉住我用頭搵我

他右手採我領拿住靠緊頭搵我〻起双手掏他心窩腰眼之處自虛才一跌他一虛我將右手揷他喉下他要動即封他面门

抓陰採領

他右手抓我領右手抓我陰我右手掏他右拳根右手掏他右肘灣處自虛才慣他受傷受跌

看人架勢

他排一架勢或七星指當採馬單鞭盤肘埋伏下揷頭炮不拘諸勢我上右步起右手看他虛實要自己右肩对他〻不動我上左步一緊或馬眼肩眼〻處受跌不起双手双緊受跌

觀人起手出入之法

比我右手步在前起双手右肩眼对他坐馬勢双手心輕上我肩眼有二寸之處骨任对着他行若左右當中而来高来犯我登犯我鎖喉中下来犯拿扎冲紧近步下要挪移上下ネ法活便再或左右步上也是照前一樣有法

左拿右扎

他右手搗我胷我上左步起左手拿他右手他左手搗来我上右步起左手扎他右手一紧跌不跌左手抵他胸一紧跌挪上右步起拳拂下一鑽受跌

起手誘我之訣

我起右手提他一拳他右手一个圈子掃下急奔左邊

我回右手反拳拖下上右步管他脚起右手打他右手急起我右手擄他胸喉切面受傷跌

挽揵双步跌

他右手擄來我右手挽他右手拳眼上右步出右步冲他胷膛一緊受跌

双手有八字

斫 砍 提 撥 推 撲 鐸 擬

又有四字 一狠 二快 三準 四穩

切記挨手進挨手出一要交手存心二要眼俱快隨手起隨手應用下有進退用手有單双全在身法步下討巧腿上踹腿通门剪金剛剪跌剪又剪落步剪倒馬倒右右滚背其中奥妙难以尽言謹述于右

侯滚学之此察馬

看或進退裡外起双手從他当中打下打他面鼻胸脯食囊大腿慽膝脚面之謂斫

砍或進退裡外双手浑他面上砍他手隨推撲滚背此之謂砍左右一廷還他栽砍

提或進退裡外起双手當跪起抓阴中撩肚上打面那人着重發推撲滚背再看此之謂提

撥或進退裡外起我手撥子打下或連劈他刀三下他若受打發冲撲滚背左右一様此之謂撥

擬或進退裡外起我双手側子進橫將我劈他為擬他若受擬即發冲撲滚背

推或進退裡外起我双手連發着五个字拘用那一个字即發推撲双手在他子上一緊發推撲

撲坐前推字様兼秀用子是双手搽他胸前小肚連我跌為撲

鐸不用裡外只用兼看五个字我双手勝子打他胸脯小肚之處他若不倒還他推撲滚背

閘手双劈圈外待推撲

他趕右手搗來我圈外上右步双手打下他若收回我即

前步一掷双手發推撲受跌

開手圈裡双劈推撲

他起右手搗來我上左步起双手劈右手他右手要收我即挪前右步起双手還他推撲受跌

圈外双劈推撲

他起右手搗來我圈外上右步起双手打下隨掏他左御根往家一收他往家來搶我即發推外他更受跌

双劈左右滾背攏手秀手

他双手搗來我圈外上右步双下劈我將双手掏他沒御根我有眼靠他練頭渾分往他一滾漫分而過我將手骨他臉防他腿

双劈左右圈裡滾背

他起左手搗來我裡上右步起双手打下他不落步

發推撲出落左步我就双手掏他沒跟一滚骨面防腿

迎门剪

他起右手打来我圈外上右步双手打下將我左步近面套他沒御我將双手捺他起步打他小肚大腿胃脯不掏那一處受跌若不跌即復有还他一剪受跌

馬眼剪

他右手打来我圈外上右步起手打下他〻落下右步我身法小緊即上右步圈外滑他御用双手捺他起左御打他受跌手捺他御誰家一收

双手任人门形

他起而不起我進步双手砍他手〻〻若要起我隨双

提起他若直進還他推撲他若存左右還他冲撲廷环倒馬但而夫迎门勇俱隨意串同用盡爲妙

左右勾振

他若右手打来我将左手勾他右手他起左手打来我将右手勾他左手我右拳搗他胸口受跌進勾他閃過將身一虛借勢還他冲撲他前偏犯我冲撲横撲受跌他若揵住我手借勢還他滚背或用金刚六着跌我勾振之間他便起手打我手我双手串去呈他右手打他手跌登推撲受跌

詩訣

双手劈下隨身進撲推奔出搗胸膛饒君巧有千般退骨

教過着卓然鷩入步双肩小雄门下法犯上用双提任君左右能偏闪骨教柏下見閻君圈拿逼手妙难言重濁清輕由自然，逼为肩眼全凭步緊雖利随快如風有人学得拳中訣可作人间武藝人

余尋訪有年俱屬支離未学及观圈拿逼手袖手其技矣非似而可令难風教已殊真傳邈漠而存兹六着非好学深思心知其意固难為淺見寡者道也余並論次擇其尤雜録為是书果潛心玩索寢食其中不無少補云耳

拳中要訣

身法　手法　步法　迎法　闪法　軟法　硬法

收法　打法　放法　推法　封法　近法　匀法

串法　跌法

短中步法

車輪步　後挪步　上字步　入门步　通门步

撥鷄步　采步　一撒步　七星步　連環步

梅花步　踢近步　偷近步　落步　後墊步

单進步　双骨步　雀兒步　猿猴步　骨中步

双搭步　挪移步　寒鷄步　連三步　顛翻步

鶴步　雄鷄步

短中巧變反正十二手

四剪手左右串五行手十跌九串六合手進步能破諸勢

七星手過门步走鶯抓手討留上犯擒拿車輪步

連環双進步進收手退一步打太山壓頂勢近靠爻

方可發双截手双过门步裡望外上下手大串手上

路犯銷下犯撩小串手緊推左右落練步短中八
串是毋法云有人学得大小串天下教師打一串我單
近手他必探剪用攔鷄步右串手双骨步用双封手
左右外串隨他要軟快用過门步犯手推我用撲手
双骨鄉撒手我進單手他用双封手要大串左圈外
換長短步他若單進手我剪手上一步當中要为滿
步入手快他手撻我手犯外串用勾步左右犯打左收他
外双手近步我須用双冪手他必退步我車輪手封我
出手他用勾手我心洗手双犯入步隨入打卸

歌訣

視不能生踈莫臨敵没手須工倆为着力動時把他顧
一拳未入得西講武那一只手向前就是那一个肩眼向不

可撲对敵人有不便之處西人交手只認我手莫認地法如真敵人受跌西人此勢学手不錯出入有方講武不亂用跌不空方為中豪傑凡人講得精透未出手先看得真手入他门凭他招架只在緊快咳嗽用工夫討巧他未曾起勢我先破他之若撥勢退步未退一寸我進一尺豈非九退十空習武不在多只要精練得熟手要狠步要穩出手要準收手要灵脊腿要实摘要巧習就手步眼学動出手就中用方無空處之要緊極任你名師亦难取勝

論攘

夫攘其從莫比其根莫敵不攘則可攘則驚人思之有未容嘆曰我未不未可有攘我之處余曰攘有五方四面遠近來處軟硬虛实斜正之理有如尽之妙我攘惟有之法隨才之手步眼

而已家嘆曰深伏此实难破也夫腿者起御手边虚实不如手也今遇人继心中怯见手反来走吾继与手一樣但手穩御虚若论此继实不如手也一手能管双御手因利于继也大凡与人交手对敵手要见々紧靠才手步法踏發人多灵妙要务学手他虚我实他实我虚他硬我軟他軟我硬管上防下管下防上管左防右管右防左進入當中為圈裡近入勝手為裡外不有斜正他若斜我直近得此一着不怕千着

又曰万法為一法々々通万法皆通也詩曰手如閃電步如風動如雷震站如山身手步眼皆灵法本流通海有誰欺妙法皆因三刃着無師傳授枉費心至今識得其中意笑殺江湖賣術人阴阳手内中闪幌暗藏撩肚從面良外圈裡拿偏闪用内有紧逼怕甚臉似退非進如風動身活独立有

威重剛柔斜正虛實通變得高若出世中無中生有千
変化死生求活妙無窮若能会了拳中訣天下横行數第人
左進右出人能識鎖喉拳出快如風真出穩难双手進便是金剛难擋
翅又剪手手法治使左右骨出入如風逼敵入手足無措任我手御
踢拳摟裹探手實难顧攻進如風電双手逼他手短打以驚為
先后前攻后左右受変借力踢人妙無窮逼探毒拳中但
上下左右揺提防惟有胸喉穴要認秦透机関只当闲上中下
未真难進右招右架緊相随但逢外翁莫認真長短入
门如何清步中出手莫是遠短無影又無踪講打不可輕
視人三歲童要留心若要欺小中有模角椎内裡有高人
不是知音説小認可談多莫談少大小身中休説尽切講道莫
講巧大能変小小変大降龍伏虎當中下若還掙扎逐我福五行

手可破諸勢切莫離牙出入如同車馬行出手如秋雷汲良用
御似撓勾扣同牙手步眼一齊行左右前後一般同双手劈開裡
上横来人受跌倒栽葱當面打下須要法謹防趣御拖当中左右
摩手施手步工如倒樹下摟根任君左右前後去随牙扣步实难當
双手破開架勢進门步切莫留停入门須閃耳边行軟硬随牙
变化生軟裡硬中俱犯打硬裡軟大本飛牙是經務要紧粘
衣下打跌牙法莫容情你若順情須有悞遲快之中巧不变
無窮手打步要分明見肉分鎗凭倫閃任你刀鎗也不妨闈
裡打起連環手退步冲心登外人单進手必須回顧双進手務
要進步措手進思神不知摩手出念飛無破我入他门快
裡躲他入我门紧鎖若能躲鎖及今精但遂請武可能
行

詩曰

費錢費力費精神　不可輕傳無義人
學得精藝防急用　只留一着值千金

序

夫醫门拾叁科惟傷科最爲迅速也凡有病家延請不可因循慢行必須頃刻而亟機巧治節活潑流通心欲小胆欲大按法施爲

此乃醫宗之規模也後之學者遵序之言爲仁術耳但是此書係序術藏秘密之遺書千金不易本不輕傳奈濟人心急觸望仁人君子以登仁壽之堂庶不

貿于之一片婆心也其中
另有口訣必須心傳心授
若能悟得醫中趣方是醫
中傑續傷接骨乃如拾芥
若不遇知音誓不傳尔

血道图式然亦要行傳方知其妙

反面正图

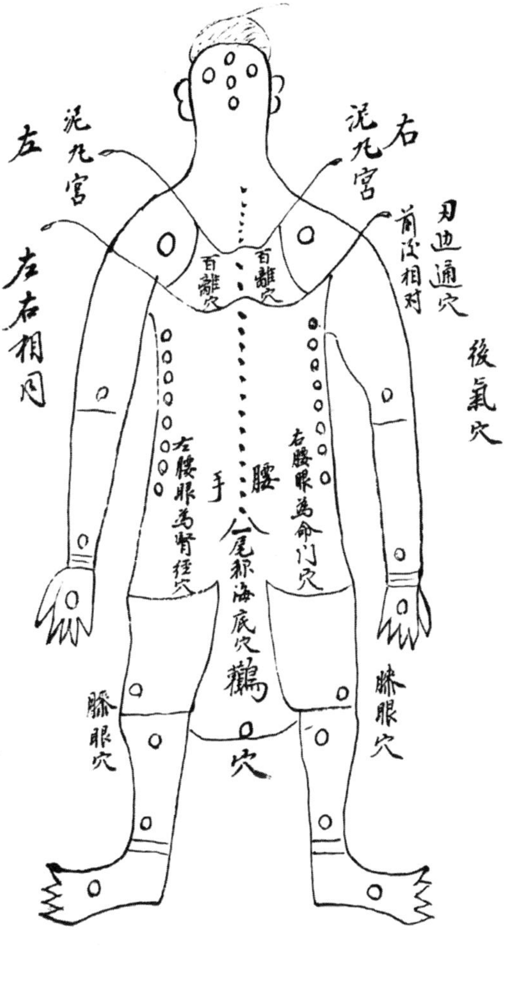

正面圖

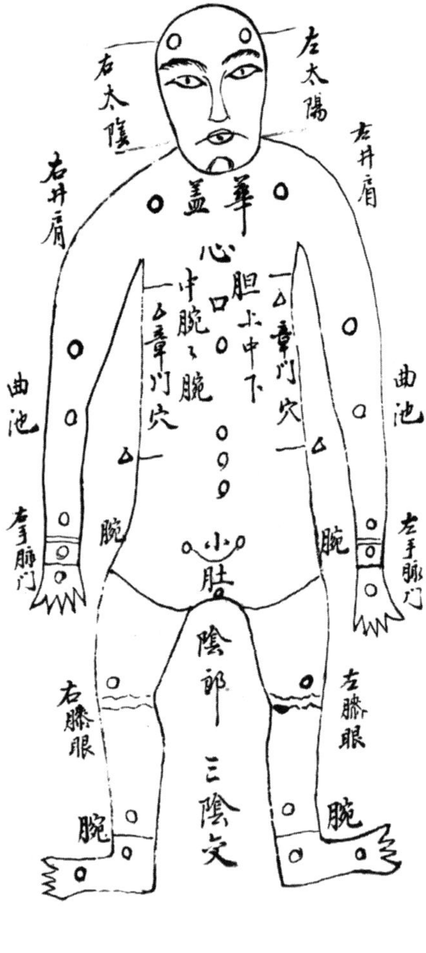

右太陰
右太陽
右井肩
右井肩
華盖
心口
胆上中下
中脘下脘
章门穴
章门穴
曲池
曲池
右手脉门
左手脉门
腕
腕
小肚
陰部
右膝眼
左膝眼
腕
腕
三陰交

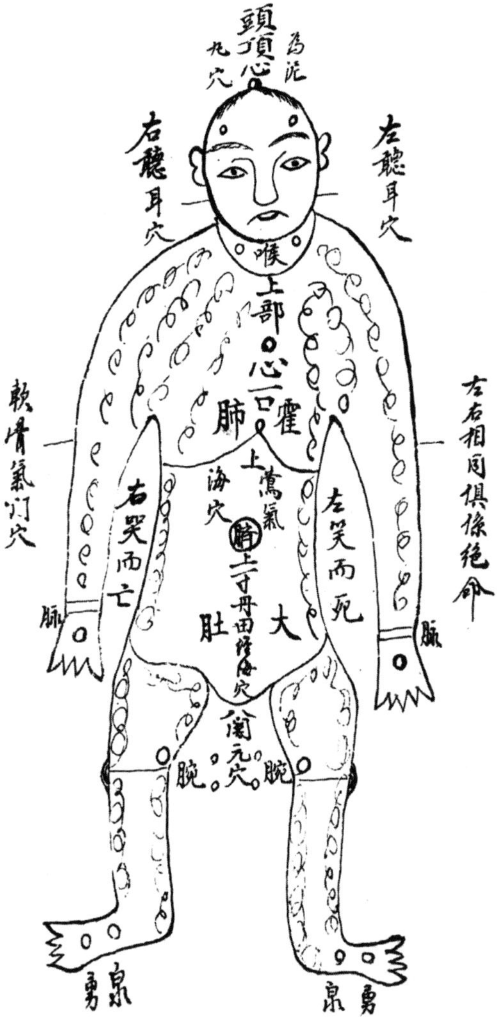
頭頂心
為泥
九穴
右聽耳穴
左聽耳穴
喉
上部
心
一口
肺
霍
軟骨氣门穴
左右相同俱係绝命
上
鳶氣
海穴
臍
上一寸丹田修海穴
右哭而亡
左笑而死
大
肚
脈
脈
閹元穴
腕
腕
勇泉
泉勇

秘傳傷科　接骨入骱第一善本

凡人週身一百零八个穴道　七十二个小穴道傷者喪命

三十六个大穴道更喪命

心為華蓋穴

受傷者人事不省血迷心竅　三日不治即時用藥

可治發者十个月而死

背後肺俞穴

受傷者一週年而死　沒　口鼻必出血

左乳上一寸三分名為上氣血

打傷中者　三十二日發寒熱而死　右發者一百六十

日而死

左乳下一分為正氣血

傷者十二日而死　右拳逆十八日而死
左乳下一寸四分名為下氣血穴
三十六日而亡　右發者一个月而斃
右乳下一寸三分名為上血海
十六日吐血而死　左傷者九十日而亡
右乳下正氣穴
吐血十八日而死　復傷者六十四日而亡
右乳下一寸四分名為下血海
三十六日下血而亡
乳上下一寸兩旁偏三分名為一計害三賢
七日而死　醫愈復發者五十六日而死
當中挑心骨者名為黑虎偷心

拳田氣绝臨時救之無妨服藥不除根者可二十日而亡

下一寸三分霍肺穴

當時打傷救好無妨服藥除根者可二十日而亡

下一寸三分偏左右边為翻肚穴

傷者三日而死若服藥不斷根復發者可五十日而死

臍為氣海穴

傷者二十八日死

下一寸三分為丹田精海血

傷者十九日而亡

再下一寸三分右為分水穴

大小便不通利十三日死復發者可六十四日而亡

下一寸三分關元穴

五日而死
右边合肋毛中者為氣穴门
點傷者六个月而死
右邊合肋毛中者為血海门
傷者五个月而死
右邊合稍骨盡處者為章门穴
傷者百五十四日而死
再下一分者為氣囊穴
四十二日而死
右邊肋稍骨盡處者為池门穴
六十日而死
下一分血囊穴

傷者罕日而死

頭頂心名為丸泥宮

傷重者兩日而死輕者耳聾頭眩六十日而亡

背心第七个骨節力傍边下一分名為百胸穴

傷中者吐血痰十个月而死

下一寸一分名為氣海穴

傷者一日半而死

鳩尾骨盡處下一分名為海底穴

點中者七日而死

兩小腿中名為鸛口穴

傷者一年而死

足底心名為湧泉穴

傷者十四个月而死

大凡三十六个大血道用藥須仔細

護心丹 受大刑可用極妙

黄蔴灰 一钱 肉桂 八分 乳香 一钱 没藥 一钱

自然銅 三钱 胡椒 三钱 木耳灰 一钱

以上研細末用白蜜爲丸 服時另有口訣

七厘散

硼砂石 八分 消心肺之血化汗去傷

硃砂 四分 定心止痛消瘀血安魂魄

血竭 八分 去週身各血道之傷

去週身之痛骨節之用

胎骨[illegible]能去

地鳖虫 去傷強腰之
或強腰止痛活血用 [illegible]
赤芍 土狗虫 子 去骨肉之傷及筋傷骨之用
解煩熱破瘀血療腹痛
归尾 钱 破週身之瘀血而順腸胃
红花 钱 多用破血少用活血
茄根 钱 堅筋骨行週身之傷痛
只实 三钱 寬中下氣行痰
莪术 钱 理氣去傷肋各藥之功
木瓜 钱 调諸氣去骨肉之傷
生地 钱 通大便之瘀血
巴豆霜 三钱 去傷行氣行血
青皮 三钱 快腸除膨脹下氣直行小便

五灵脂 一兩 止脅肋胃中之痛消瘀血

蒲黃 三錢 去瘀血治胸背之痛

廣皮 四錢 開胃消瘀破壅滯之逆

荊三棱 一兩 破血中氣滯積聚之功

蓬术 一兩 能行血中氣滯

肉桂 二錢 行血止痛之功

麝香 五分 能通七竅直達病所

右藥二十二味遵法炮製道地共為細末用瓷瓶收貯勿洩氣每服二錢五分輕者一錢半少人童子黃酒送下

加減十二味煎方

五加皮 二錢 砂仁 一錢 肉桂 一錢 五灵脂 一錢 寄奴 一錢

归尾 二錢 杜仲 一錢 蒲黃 一錢 廣皮 一錢 延胡 一錢

香附五钱 紅花一钱 葱白為引 陳酒煎服

新傷十三味煎方

寄奴三钱 青皮二钱 桃仁二钱 香附五钱 紅花八分

木香二钱 蓬术二钱 砂仁一钱 赤芍五钱 烏藥二钱

骨碎補五钱 归尾一钱五分 玄胡索五钱 三稜一钱五分 莪术二钱

酒煎服出汗 傷重大便不通加生大黄二钱 引加葱白三根

飛龍奪命丹

硃砂二钱 蓬术一钱 桂枝二钱 莪术一钱 韭子二钱

蒲黄二钱 赤芍二钱 秦艽二钱 羌活一钱 三稜一钱

归尾一钱 只实二钱 肉桂二钱 射香二钱 靈仙二钱

寄奴二钱 廣皮二钱 土狗二钱 胎骨一钱 前胡二钱

川貝母二钱 然銅八分 五加皮八分 烏藥二钱 青皮二钱

地鱉 半钱 天附 四钱 硼砂 半钱 廣木香 羣青當中

葛根 三钱 血竭 半钱 共爲細末 輕者用酒服之二分 重者三分 不可多服

地鱉紫金丹

地鱉 半钱 烏藥 三钱 土狗 四钱 血竭 半钱 蘇木 三钱

天附 四钱 青木香 三钱 然銅 半钱 桃仁 一钱 归尾 三钱

月石 半钱 脆骨 三钱 玄胡索 一钱 川貝母 三钱 紅花 三钱

枳殼 三钱 廣皮 三钱 青皮 三钱 硃砂 三钱 射香 三钱

肉桂 三钱 木通 三钱 申姜 三钱 杜仲 三钱 蒼术 四钱

故紙 四钱 秦艽 三钱 川斷 三钱 桂枝 三钱 黄芩 三钱

羌活 三钱 牛膝 三钱（懷膝 三钱） 松節 一钱 赤芍 三钱 丹皮 四钱

寧心 三钱 赤苓 三钱 韭子 一钱 三稜 四钱 灵脂 一钱

葛根 三钱 志遠 三钱 蒲黄 一钱 澤瀉 一钱 枸杞 三钱

共為細末每服弍分用老酒送下
華蓋穴受傷 引經之藥
枳殼一錢 良姜一錢 加十三味煎方又用七厘散一錢 行心
胃二經之瘀血行過三次冷粥湯止之再用飛龍奪命丹
一服全愈
背後第三寸骨節肺底血穴
及拳打中九日而引經之藥百部一錢 紫金丹三服
上氣穴受傷
引經之藥沉香八分 肉桂八分 加煎藥內又用七厘散一錢 奪命丹三服
正氣穴傷
青皮一錢 劉寄奴一錢 加煎藥內又用七厘散弍分半 又用十三味
加減煎方一帖 再用奪命丹三服全愈

下氣穴受傷

乳香一錢 廣皮一錢 加煎藥內七厘散二分半 又用奪命丹三服

上血海受傷

鬱金一錢 寄奴一錢 加煎藥內用七厘散二分半 又用奪命丹三服

全愈 加山羊血更妙

正血海受傷

鬱金一錢 寄奴一錢 加煎藥內用七厘散二分半 加十二味煎

方用帖奪命丹三服全愈

下血海受傷

五靈脂一錢 炒蒲黃一錢 加煎藥內用七厘散二分半 加十三

味煎方用帖奪命丹二服

一計害三賢受傷

石菖蒲錢 只殼錢五 加煎藥內用七厘散三分 又用奪命丹服三
黑羊偷心受傷
肉桂錢 丁香八分 加煎藥內用七厘散三分 又用十三味煎藥方
刀帖奪命丹三服
霍肺穴受傷
桔梗錢 川貝錢 加煎藥內用七厘散三分 又用奪命丹
三服 第二服 煎藥刀帖全愈
翻肚穴受傷
紅豆蔻五 木香五 加煎藥內用七厘散三分 奪命丹三服
加減十三味煎方刀帖 紫金丹 三四服
氣海穴受傷
桃仁錢 玄胡索錢 加煎藥內用七厘散二分 七厘奪命丹三四服

丹田穴受傷

木通一錢 三稜一錢 七厘散三分 七厘再服 加減十三味煎方四帖

水分穴踢傷

蓬仁一錢 三稜一錢 七厘散二分 七厘再服 加減十三味煎方四帖

關元穴受傷

車前一錢 青皮一錢 加煎藥內用七厘散二分 七厘奪命丹二三服

氣血門受傷

五加皮一錢 羌活一錢 七厘散二分 七厘用奪命丹三服 再服七厘散

血海門受傷

柴胡一錢 當歸五分 加煎藥用奪命丹三服 再服七厘散二分半可全

章門穴受傷

歸尾一錢 蘇木一錢 地鱉蟲一錢 紫金丹二十四服

曲池穴傷

丹皮下 紅花五 奪命丹三四服 煎藥刀帖

血囊穴受傷

蒲黄下 韭子下 奪命丹三服 煎藥刀帖 再用藥酒方

泥丸宫受傷

羌活下 蒼耳子下四 奪命丹三四服

百胸穴受傷

杜仲下 破故紙下 奪命丹三四服

後氣穴受傷

破故紙下 烏藥下 地鱉紫金丹三四服

腎經穴受傷

桃仁下 紅花下 奪命丹三四服

命门穴受伤

桃仁钱 前胡钱 夺命丹三服

海底穴受伤

大黄钱 朴硝钱 夺命丹三服 紫金丹三服

鹤口穴受伤

牛膝钱 苡仁钱 紫金丹三服

涌泉穴受伤

木瓜钱 牛膝钱 夺命丹三服

听耳穴受伤

川芎钱 细辛钱 夺命丹三服

接骨丹伤外敷药方

龙叉粉 分 山栀仁 半 樟冰一二钱 麝 末 生大黄末一二钱

赤芍錢半 用鷄蛋白燒酒調敷患處

又吊傷外敷藥方

樟冰二錢 生軍一錢 梔末一錢 當歸二錢 紅花一錢 五加皮一錢
射香錢半 乳香一錢 沒藥一錢 赤芍一錢 血竭一錢 酒藥丸

右藥共爲細末用糯米飯搗爛燒酒和匀塗敷患處外用新棉花捆縛蓋煖爲要切勿見風候待數日其傷自然吊出

、勞傷藥酒方

生地錢半 當歸三錢 紅花一錢 杜仲錢半 故紙二錢
牛膝錢半 桃仁四錢 川斷二錢 黄芪三錢 秦艽錢半
烏藥錢半 麦冬錢半 丹皮錢半 澤瀉錢半 虎骨五錢
只殼二錢 五加皮錢半 志肉錢半 桂枝二錢 白茯苓錢半
香附一錢 玄胡索四錢 枸杞錢半 胡桃肉四錢 棗[illegible]二兩

白茄根 三两 用好生酒十斤煮三炷香透退火气再服

、接骨方

羌活 八分 大黄 七分 自然铜 醋煅 一钱 桂枝 八分 雄小狗 即胎者 七只

地鳖 去头足 五分 归尾 五分 地龙 即水蚓 酒炙 五分 土狗 酒炙 四只 血竭 一钱

胎骨 一钱 建曲 八分 乳香 去油 一钱 没药 去油 一钱 碎补 去皮毛 一两炙干

白占 一两 以上共为细末须制道地每服一钱酒下

、二十四气药酒方

当归 一钱 防风 一钱 甘松 二钱 川芎 二钱 羌活 二钱

甘草 一钱 白芍 二钱 枸杞 一钱 虎骨 一钱 熟地 一钱

秦艽 二钱 苍术 一钱 生地 二钱 川断 二钱 黄芪 一钱

石斛 一钱 川乌 五钱 五加皮 一钱 肉桂 五钱 海桐皮 二钱

白鲜皮 一钱 没药 五钱 麝香 一钱 杜仲 四钱

右藥共四味，以咀片遵法炮製，個地以夏布袋盛之，再用火酒八斤，預先浸入，晉陽水煮三炷香為度，起鍋埋土內退火，首每服一茶盃，臥半時。

膏藥透骨散

牙皂　畢撥　肉桂　雄黃　胡椒　射香　共為細末

跌打末藥方

大觀銅錢五個係古者 醋煅　紅花 錢　當歸 醋酒製　乳香 一兩去油淨

地鱉蟲六個酒醋炙　肉桂 錢　沒藥一兩去油 醋酒製　川山甲 錢炙研

自然銅 一兩醋煅　血竭 一兩　葶藶一兩燒灰存性　蠶窠 十個燒灰存性

人參三錢 錢　以上各藥遵製為末和勻，每服乙錢，陳酒送下，百發百中奇方

、跌打損傷斷骨外敷藥

桑白皮　推車客　芭水蟲 水中之虫即水鱉　韭中蚯蚓

扳山蟲 乃繞樹之藤蔓捕　蔥　若等分共搗爛，傷處先用鮮生薑

一塊擦毛孔後將糯米飯和藥同搗敷患處用新棉包好

檢便神効傷方

遠年屎磚內外俱黄者佳將醋煅七次為度研末每服三分

好酒送下蓋煖出汗

上部傷方

白芷 錢 血竭 錢 辛細 錢 羌活 錢 青皮 錢

硃砂 錢 沒藥 去油 錢 生地 錢 虎骨 醋炙 錢 稜麻 錢

归尾 錢 碎補 錢 鬱金 錢 桂枝 錢 川芎 錢

以上用好酒煎服盡飲醉臨以出汗

中部傷方

生地 錢 白芷 錢 地鱉 三个 五加皮 錢 川芎 錢

乳香 去油 錢 紅花 錢 川斷 錢 沒藥 去油 錢 血竭 錢

秦艽乍 甘草乍 用好酒煎服蓋被出汗

下部傷方

五灵脂千 漢防己千 木瓜千 南蛇千 秦艽千 五加皮千
碎補千 即樟千 生地千 然銅千 归尾千 牛膝千
川芎千 赤芍乍 肉桂乍 杜仲乍 故紙乍
如腫不消加稜蓬若細不消加牛膝五加皮各千

左邊傷方

陈皮千 甘草朩 何首烏乍 桃仁千 半夏千
三稜乍 玉金千 杏仁乍 赤苓千 莪术乍
乳香朩去油 龍胆草乍 玄胡千 灵脂千 没藥朩去油
紅花千 赤芍千 兎絲子乍
加小紅棗三枚為引好酒煎服

右邊傷方

莪朮钱 何首烏八分 姜黄钱 红花钱 玄胡钱

蒲公英钱 归尾钱 玉金钱 丹皮钱 桃仁一钱

木瓜钱 牛膝钱 赤芍钱 灵脂钱 厚朴钱

甘草分 香附钱 龍骨钱 活血丹八分

加小红枣二枚為引 好酒煎服

、活筋骨腰胱疼痛藥酒方

全当归钱 牛膝三钱盐水炒 五加皮一钱 川芎半钱 川断一钱盐水炒

独活钱 桂枝钱 製附子一钱 防風钱 靈脂钱

真桔梗一钱微炒 右藥剉為咀片用火酒三斤煮一炷香，埋土三日再飲

臨臥時一盞 蓋被出汗

一治跌打損傷遇有用此方 若傷時照傷添引

血竭三钱　上肉桂一钱　生地黄三钱　真琥珀三钱　蒲黄炭二钱
香白芷一钱　寧化塊二钱　明没藥二钱　寄奴艸一钱　归尾一钱
川芎三钱　只壳一钱　青木香三钱　活血丹三钱　紫荆皮三钱
台烏藥二钱　若傷有上胸前用此十六味分作两剂飲酒者用
酒二斤分煎出藥性再用冷酒冲对於吃一日一剂復渣再
煎有上一两可愈重者再服两剂

引經之藥於後

傷頭　加防風二钱　羌活一钱　藁本三钱
傷胃嘔吐　加藿香一钱　砂仁二钱　查肉三钱
傷腹肚大便不通　加生軍三钱　黑丑二钱　桃仁二钱
傷小腹小便不通　加木通二钱　車前二钱　赤苓三钱
傷两脇　加胆艸二钱　萬艸二钱

傷背上　加秦艽二錢　青皮一錢　炙附末一錢　生研

傷腰上　加故紙二錢　杜仲二錢　川斷二錢五

傷刀手　加桂枝一錢　羌活一錢　此二味春冬時用一錢五，夏秋時用八分

傷刀足　加牛膝一錢　五加皮一錢　木通一錢五

傷刀肋　加白菊一錢五　蔓荊子一錢　白蒺藜一錢

將前十六味共為細末，照湯頭用，無不應驗

此孔昭先生跌打方

歸身一錢　五加皮八分　丹參六分　杜仲八分　續斷八分

紫荊皮八分　秦艽八分　功勞八分　生地一錢　牛膝一錢

烏藥二分　桃仁一錢　川芎四分　羌活八分　白芍六分

紅花二分　當歸酒炙一錢五　肉桂四分

外加核桃肉、棗肉、桂元肉，陳酒煎服

種子大力方

沙苑蒺藜去刺炒　魚膘蛤粉炒　白蒺藜去刺炒　淮牛膝炒

甘枸杞子炒　共爲細末煉蜜爲丸如圓眼子大每服一丸早

晚用淡陳酒送下

種子方婦人所用

益母膏八兩　川芎二兩　當歸二兩　大熟地八兩　赤芍一兩

廣木香一兩　右藥爲末即以方中益母膏搗和爲丸如桐子

大每服三錢陳酒送下百日後自有育麟之慶

上部跌打損傷方

川芎二錢　川烏一錢　續斷一錢　桂枝一錢　香附一錢

草烏一錢　五加皮一錢　藁本二錢　細辛五分　防風五分

秦艽五分　白芷五分　靈仙一錢　用生酒四斤引茅草根爲

中部跌打损伤方

防风二钱 当归钱半 川乌二钱 杜仲钱半 乌药钱半
柴胡二钱 草乌二钱 故纸五分 丹皮五分 厚朴钱半
加茅草根一两 用甘酒半斤煎服

下部跌打损伤方

川牛膝钱半 青木香钱半 川乌钱半 当归钱半 防己八分
草薢钱半 草乌二钱 红花五分 荆皮五分 苡仁八分
菖蒲二钱 丹参钱半 桂枝钱半 引加功劳根生酒半煎

通[illegible]上下全用方

防风钱半 秦艽二钱 红花五分 羌活五分 葛根钱半
续断钱半 独活钱半 五加皮钱半 苡仁钱半 灵仙钱半
丹参钱半 归尾钱半 川乌二钱 草乌一钱 [illegible]钱半

侵葉一錢 加壁圍草二分

頭上方

蔓荆子二錢 細辛一錢 茅草根二錢 [illegible][illegible]一錢 藁本二錢

川芎[illegible]

[illegible]上方

桂枝一錢 木通二錢 骨碎補[illegible] 川芎一錢 桃紫根二錢

胸前方

烏藥二錢 青皮二錢 青木香二錢 枳殼二錢 桔根

香附二錢 金鎖匙草二錢

心前方

厚朴二錢 砂仁二錢 石蓮肉草五分

腰上方

少林拳术秘录校释

少林拳术秘录

道光壬寅年荷月〔一〕谷旦〔二〕誊录

玄机和尚走盘步式

走盘步法是颠跓〔三〕，顺推反托上下量。

手出胸前能护耳，侧面收来不可当。

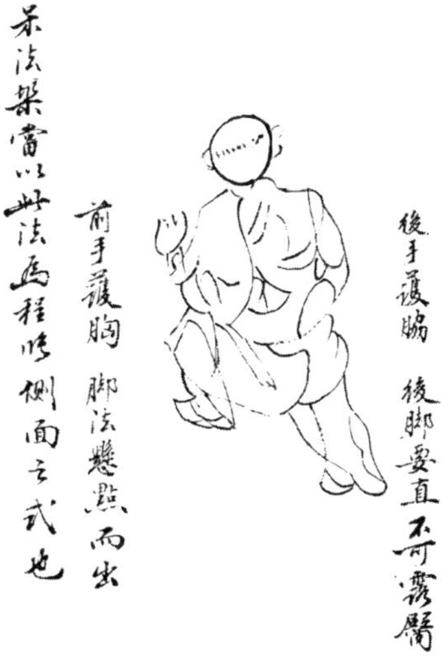

〔一〕荷月，即农历六月，又名『暑月』。

〔二〕谷旦，旧时吉日的代称。

〔三〕跓，旧时一些拳谱或作『桩』『庄』等字，如上海图书馆藏张孔昭拳谱（后文凡引此书，不再注明馆藏处）作『庄』字。颠跓，传统武术中步法与步型的一种动态结合形式。

大铁闩法〔一〕

【习传少林寺玄机和尚身法图】

中平为闩，射上为〔二〕展翅。

落下为披，百法皆从此出。

铁闩之势因人施，传左步右随所之。

进攻射上为展翅，落下为披是肩也。

腾踯（挪）〔三〕偏闪式

一团和气是腾踯（挪），偏来闪去反顺拖。

百骸缩紧一齐收，手打抓拿插眼窠。

〔一〕大铁闩法，民国二十五年（一九三六）蟫隐庐本拳经拳法备要（后文凡引此书，简称拳经拳法备要，不再注明版本）作『铁闩大法』。

〔二〕为，拳经拳法备要作『如』字。

〔三〕踯，据文义，当作『挪』字。后同。

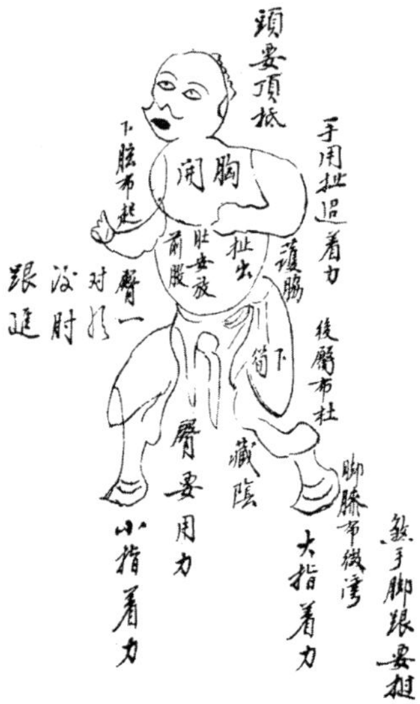

已出插掌式

【翻身用个倒海势，此图与大铁闩无异】

插掌已出用直肩，翻身倒海果然去。

撩阴一着谁能晓，拗身一掌犀无前。

站步式

【猴拳从此他（化）[一]】

童子拜佛手胸护，上用面去下搬播。

翻身踪（纵）[二]跳随人变，脚法飞腾插（扫）[三]千军。

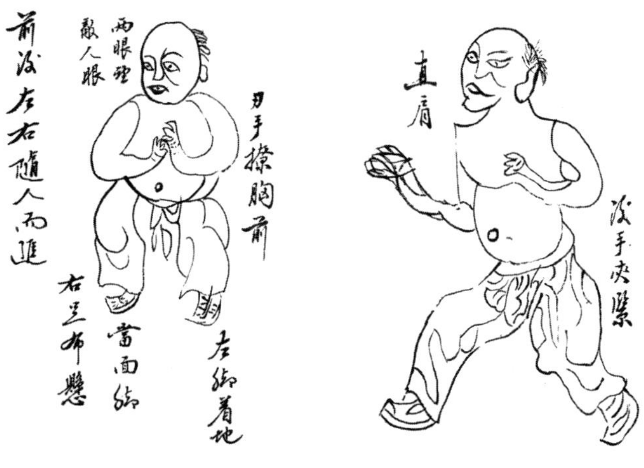

[一]他，据文义，似为『化』字之误。

[二]踪，据文义，当作『纵』字。后同。

[三]插，据文义，应为『扫』字之误。

铁拐李颠踮式

【醉步此中生出，猴拳此中化出】

铁拐肩垂布（带）〔一〕靠入，腿法虚悬颠进出，两手勾挽似疯魔，伸缩圆活易为力。

肩垂代（带）〔二〕靠势〔三〕，右足悬缩一团，右手放在〔四〕腰边，进步用让肩手肘代（带）靠最为猛狼（狠）〔五〕。

猴拳式〔六〕

【一身缩紧用踪（纵）跳】

猴势紧缩是跳踪（纵），到身之时声要叫。

〔一〕布，据下文，应为『带』字之误。后同。后文的横秋张先生手授秘诀或人问答歌中有『带靠陡来山也愁』之句。

〔二〕代，据文义及拳经拳法备要，应为『带』字之误。后同。

〔三〕肩垂代靠势，拳经拳法备要作『肩带垂势』。

〔四〕在，拳经拳法备要作『去』字。

〔五〕狼，据文义，当作『狠』字。后同。

〔六〕猴拳式，拳经拳法备要作『猴拳护胸式』。

两手纷纷乱扰攘，回身专（转）〔一〕打插穴道。

蹁跹式

蹁跹之势力更强，突出肩兮谁敢当。

闭阴跟进急赶上，随后一腿要紧忙。

八仙醉步图式

【脚悬颠跹式，又名『金鸡独立』，亦名『寒鸡步』，凡捷步、撼步，皆从此出】

独立金鸡醉步行，直来横去弄精神。

颠之倒之如狂样，肘挑肩让无可亲。

横步此中生，鹊步亦从此生也。

〔一〕专，据文义，似为『转』字之误。后同。

汉钟离葫芦式

葫芦用肩玉山颓，倒前倒后骨节催。

回腿八（入）〔一〕海膝儿跷，让来让去托耳腮。

让肩倒前后从人进，回腿勾步亦从此化。

左肩出势力式

左肩出势左手挑，左手一披随后抱。

双挑来奔地角嘴，两拳复进无可交。

垂肩布（带）靠式〔二〕

四顾随人专（转）相攻，两手分抐〔三〕是肩侵。

〔一〕八，据文义，应为『入』字之误。

〔二〕垂肩布靠式，拳经拳法备要作『垂肩式』。

〔三〕抐，在康熙字典中『抐』音『讷』，意为『按物水中也』。

左右用靠不能摇，脚悬耕地骨反筋。

【四顾随人敌而专（转）】

戏珠大法式

势（戏）〔一〕珠一肘望（往）〔二〕胸堂（膛）〔三〕，右抱左旋不用忙。

翻身进步连环转，闭阴就下掌阴囊。

插花手大法式

插花手到是撩阴，胸前一掌谁知音。

专（转）身挽用笊籬（篱）〔四〕手，鼻上扎下掌后跟。

〔一〕势，据文义，应为『戏』字之误。

〔二〕望，据文义，当作『往』字。后同。

〔三〕堂，据文义，应为『膛』字之误。后同。

〔四〕籬，据文义，应为『篱』字。后同。

闭阴打大法式

闭阴打到人不知，腰囊一掌却也奇。
翻身一腿随人专（转），纵遇高强必被迷。

泰山压顶大法式

泰山压顶最难当，胸前一扎腹断肠。
谁人打得其方透，可以称推（雄）〔一〕世无双。

短披法式

【此身法最紧密，学者宜先习此身法也】

歌曰：身法宗源，一披为先。复（后）〔二〕之学者，从此推焉。

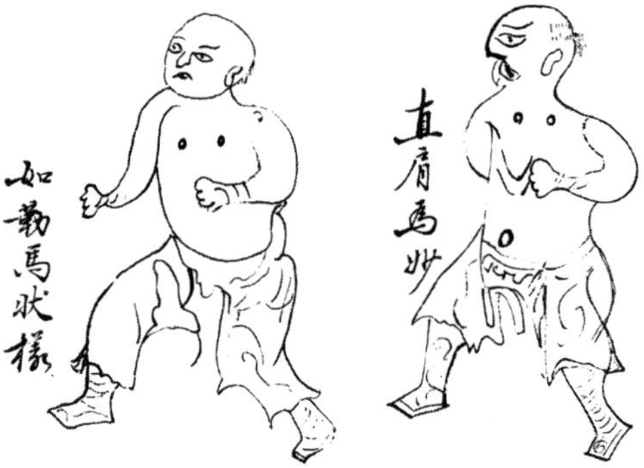

〔一〕推，据文义，应为『雄』字之误。
〔二〕复，据文义，应为『后』字之误。

知披用靠肩臂，掌跟（根）〔一〕着力山也。然翻身用个倒海势，撩阴一把不容易。

左手交，右手夹，中外边盘皆可进身，手与肩皆从虚处进，譬如走〔二〕中边盘则从人腋下进，手从人腰出，脚从人腿边射进是也，余皆仿此。

勒马步插掌大法式

勒马步势最虎狼，边中外跳提步张。
仙人现掌从腮打，手法收来撩胸堂（膛）。

小铁闩大法式〔三〕

铁闩悬步最进防，用闪用身又法良。

〔一〕跟，据文义，当作『根』字。
〔二〕走，拳经拳法备要作『玄』字。
〔三〕小铁闩大法式，拳经拳法备要作『提步铁闩式』。

单来双破随人变，双来步提倒君量。随身专（转）打，单来双破，双来单提，此法最妙，但不可道破此真秘也。

横秋张先生手授秘诀　或人问答歌

问曰：势雄脚不稳，何也？

答曰：在势去意去〔一〕。

歌云：势要去兮要执狼（狠），意旋回时身不稳。

百骸筋骨一齐收，复（后）〔二〕手便顺何须恐。

问曰：弱可以敌强，何也？

答曰：在偏闪腾那（挪）〔三〕。

歌云：偏闪空庆（费）〔四〕拔山力，腾那（挪）乘虚任意入。

〔一〕去，拳经拳法备要作『来』字。

〔二〕复，拳经拳法备要作『后』字，当是。

〔三〕那，据文义，当作『挪』字。后同。

〔四〕庆，据文义，应为『费』字之误。

让中不让乃为佳，开处翻来何地立。

问曰：下盘腾（胜）〔一〕上盘，何也？

答曰：在伸缩虚实。

歌云：由缩而伸带靠入，以实击虚易为力。

下盘两足管在此〔二〕，插掌托掌难与敌。

问曰：斜行并闪步，何如？

答曰：在避冲逃直〔三〕。

歌云：避冲飞斜势难当，逃直非关也难防。

用横直用急赶上，步到身傍跌见伤。

问曰：里裹与外裹，何如？

答曰：在圈里圈外。

歌云：圈外（里）〔四〕自里裹打开，圈外自外裹入来。

〔一〕腾，据文义，应为『胜』字之误。

〔二〕此，拳经拳法备要作『斯』字。

〔三〕避冲逃直，拳经拳法备要作『避直逃冲』。

〔四〕外，拳经拳法备要作『里』字，当是。

拳掌响处无间歇，骨节催（摧）〔一〕残山也颓。

问曰：胜长又胜矮，何也？

答曰：在插上按下。

歌云：身长插上正相宜，身矮按下一般齐。

眼鼻心口贤（肾）〔二〕囊下〔三〕，不遭打损也昏迷。

问曰：短打破长拳，何也？

答曰：在短兵易入。

歌云：长来短接惯〔四〕入身，入身跌拨好惊人。

里裹打开左右角，外裹打入窝里寻。

问曰：脚步能胜人，何也？

答曰：在用坚、堕（坠）〔五〕、脆（跪）〔六〕。

〔一〕催，古文中通『摧』字。

〔二〕贤，据文义，应为『肾』字之误。

〔三〕下，拳经拳法备要作『上』字。

〔四〕惯，拳经拳法备要作『易』字。

〔五〕堕，据文义，当作『坠』字。后同。

〔六〕脆，据文义，应为『跪』字之误。后同。

歌云：坚（前）〔一〕脚湾（弯）〔二〕弓后脚箭，脆（前）〔三〕足知人（如矢）〔四〕后足线。用肩推靠不能摇，堕（坠）、脆（跪）、钩（勾）〔五〕挞随人变。

问曰：身法能压人，何也？

答曰：在推山〔六〕倒海。

歌云：一身筋力〔七〕在肩头，带靠陡〔八〕来山也愁。翻身用个倒山势，踪（纵）然波浪也平休。

问曰：拳法能克敌，何也？

答曰：在披窍遵窾（窾）〔九〕。

〔一〕坚，据文义，应为『前』字之误。

〔二〕湾，据文义，当作『弯』字。后同。

〔三〕脆，据文义，应为『前』字之误。

〔四〕知人，拳经拳法备要作『如矢』，当是。

〔五〕钩，据文义，应为『勾』字之误。后同。

〔六〕推山，拳经拳法备要作『排山』。

〔七〕力，拳经拳法备要作『节』字。

〔八〕陡，拳经拳法备要作『从』字。

〔九〕窾，据文义，当作『窾』字，意为空隙。拳经拳法备要作『窍』字。

歌云：一身骨〔一〕节有多般，百法收来无空间。

谁能熟却〔二〕其中妙，恢恢游刃有何难。

问曰：拳〔三〕起能〔四〕百响，何也？

答曰：在阴阳幻化。

歌云：阴变阳兮阳变阴，反拖顺打〔五〕不容情。

外手〔六〕缠来怀中出，两手搬开奔耳丛。

问曰：钩（勾）挽〔七〕能进身，何也？

答曰：在柔能胜刚。

歌云：拳出腿来势莫当，钩（勾）弓并托柔弄刚〔八〕。

〔一〕骨，拳经拳法备要作『筋』字。

〔二〕却，拳经拳法备要作『透』字。

〔三〕拳，拳经拳法备要作『掌』字。

〔四〕能，拳经拳法备要作『可以』。

〔五〕反拖顺打，拳经拳法备要作『反拖顺托』。

〔六〕外手，拳经拳法备要作『手外』。

〔七〕钩挽，拳经拳法备要作『勾挠』。

〔八〕钩弓并托柔弄刚，拳经拳法备要作『勾分并挽柔胜刚』。

若人犯着钩（勾）挽手[一]，进身横托不须忙。

问曰：用膝能敌人，何也？

答曰：在上推下击[二]。

歌云：两手相加乱扰攘，无心思到下盘伤。

横直撇胜（膝）[三]应血（穴）[四]道，从（纵）[五]是英雄也着忙。

问曰：轻钩（勾）能倒人，何也？

答曰：在手不在足。

歌云：承手牵人[六]将次颠，用脚一钩（勾）通自然。

指足[七]妙在向[八]身用，微微一缩望天掀。

问曰：跌法能颠人，何也？

〔一〕手，拳经拳法备要作『法』字。

〔二〕上推下击，拳经拳法备要作『推上击下』。

〔三〕胜，拳经拳法备要作『膝』字，当是。

〔四〕血，据文义，应为『穴』字之误。后同。

〔五〕从，古文中通『纵』字。

〔六〕人，拳经拳法备要作『来』字。

〔七〕指足，拳经拳法备要作『足指』。

〔八〕向，拳经拳法备要作『勾』字。

答曰：在乘虚因势，乘虚而入。

歌云：好用机，见势因之跌更奇。

一跌不知是何去，千斤重体似蝶飞。

问曰：拿法能〔一〕盖〔二〕人，何也？

答曰：在反筋紾〔三〕骨。

歌云：膂力千斤真个奇，骨节乖舛任施为。

紧拿不许松松放，神速〔四〕来牵莫钝迟。

问曰：抓法能破体，何也？

答曰：在便捷快利。

歌云：进退轻跳称便捷，伸缩员（圆）〔五〕活快利闻（间）〔六〕。

〔一〕能，拳经拳法备要作及张孔昭拳谱均作『可以』。

〔二〕盖，有超过、压倒之意。盖人，即胜人。

〔三〕紾，有扭、转之意，拳经拳法备要作『偏』字。

〔四〕速，拳经拳法备要作『迷』字。

〔五〕员，据文义，当作『圆』字。

〔六〕闻，拳经拳法备要作『间』字，当是。

体破血流屡屡是〔一〕，指头到处多疤痕〔二〕。

问曰：伸手如何操持？

答曰：在收放卷舒。

歌云：时常收时放是持〔三〕，舒少卷多用更奇。

一发难晋无变计，不如常守在心头。

问曰：拳法何由得精？

答曰：在熟不在多。

歌云：拳法千般与万般，何能精透无疑难。

须知秘要无差漏，一熟机关不用谈〔四〕。

雄则胜，急则胜，健则进身插掌，两分持进，则推山倒海，败则雨散分消。

迷拳序

凡人之立势，有前有后，有左有右。前后、左右而直攻之谓之正，前后、左右而巧攻之谓之奇。遇正，

〔一〕屡屡是，拳经拳法备要作『红点点』。

〔二〕疤痕，拳经拳法备要作『痕斑』。

〔三〕时常收时放是持，拳经拳法备要作『常收时放是操持』。

〔四〕不用谈，拳经拳法备要作『用不完』。

则体健者胜、雄者胜；遇奇，则体健者失其健力、雄者失其雄，皆出于意料揣度之外者也。故人挂而[彼]〔一〕披，人披而彼托，人托而彼搬，人搬而彼削，人削而彼遁，人遁而披（彼）〔二〕角。拳出拳外，莫之参酌；拳入拳内，莫之醒觉〔三〕。变幻无穷，今古伟拨，因其不可端倪，故曰『迷拳法』。

第一节 纵〔四〕上劈下

敌人当面来，我步右脚进。右脚甫及发〔五〕，右脚缩相就。

步儿才见行，左拳轮打去。拳打才加时，右披反轮救。

救时欲管跌，望（往）上一揭〔六〕骤。揭骤怕停留，裹头在斜溜。

人见我溜时，谁知闭阴后。闭阴恐空发，翻转收披计。

第二节 乌龙戏珠

敌人当面打来，我左抱斜裹去。斜进才到身，右拳戏珠就。

敌人走左边，右抱左戏去。彼将手来打，抽手托身计。

〔一〕彼，据上下文所补。

〔二〕披，据文义，应为『彼』字之误。

〔三〕醒觉，拳经拳法备要作『审度』。

〔四〕纵，拳经拳法备要作『从』字。

〔五〕右脚甫及发，拳经拳法备要作『右脚角反发』。

〔六〕揭，拳经拳法备要作『揾』字。

人见护己身，谁知闭阴后。后要当收时，反身双披骤。要知敌人长，此拳不可废。

第三节 黄龙抱蝉

左肩出势立，左拳横打去。去才及顾，右拳旋抱救。复起坚肘来，照心一座（坐）[一]计。敌人非不后退，管脚居其后。力雄难跌他，斜步闭阴遁。若后赶进来，双披反身骤。

第四节 凤凰展翅

左手抱头颜，右手切将去。右手抱头颜，左手亦如此。倘有敌人披，两手斜漏去。左手反披来，右手反披骤。右手甫及时，左手横拴凑。此乃敌左拖，敌右无双计。筋节要打熟，任他展翅飞去。

第五节 闭阴扫阴

我若前［行］[二]去，赶上左掌就。须知阴上加，翻身右掌救[三]。

〔一〕座，拳经拳法备要作『坐』字，当是。

〔二〕行，据文义所补。

〔三〕须知阴上加，翻身右掌救，拳经拳法备要作『须起阴囊上，反身右掌救』。

若身敌左行，右闭难将就。若敌朝左来，将身右边溜。

总之要闭阴，横竖损不去。若要打将真，撩阴终打透。

第六节　太山〔一〕压顶

若知太山压，左右反轮劈。劈他步施风，横步不可歇。

步若可用长，丈余管脚跌。于中要求熟，一节压一节。

压之未为奇，谁知节破节。破打得其方，那管人拨跌也。

迷拳终

乐家短打歌诀

首节

裹进横打拳好打，单肘进胁如风。霸王留下一张弓，箭打难弦着重。

二节

单手曾劈双拳，裹身进步如风动。问君子有何能，撩海一拳着重。

三节

进步撩阴一脚，拳来须用手把。两拳进步似风魔，溜空就使庄脚。

〔一〕太山，出自《谏逐客书》，即泰山，位于今山东省泰安市。

四节

力气刚强有打，拳来须奔血胁。眉从一掌使脚踢，收下钟馗抹额。

五节

左手当先按定，右手就下无情。左拳起，右拳封，胁下填拳就进。

乐家短打终

外死手　冷红手

拳来拿他要紧，左拳奔胁当来，回脚左来要承右，右肘随承莫空。拜掌填拳须急，两脚体（休）[一]得开肱。有勇敢与相竞，难逃冷红手一弄。

插花手

拳来左手紧托，右手望（往）胁直攻敌人手面，要后下盘来，两手膝脚难遗。更即将肩儿望（往）前，挖其跌最凶难保脸（险）[二]。

〔一〕体，据文义，应为『休』字之误。

〔二〕脸，据文义，疑为『险』字之误。

玄坛打恭

左手来双手傍左砍，右手来傍右砍。他若自下犯上来，我用踪（纵）上劈下反砍肘。须用身法靠，靠肘须用抱法妙。若如脚步舞回回，斯人倾跌如山倒。

农夫牵牛

他用口咬住我衣，将手扯住自衣，不可打他，可用手打他嘴唇下一钮，将脚一钩（勾）跌之。

大膝跌

敌人将手劈打，我也急急推开，闪身进步背上，挨右手扳肩左扳腿，背起至山望（往）地推开，头倒脚尖难罢。

小膝跌

他人右手打来，吾将左手推开，更将右手左边来，扳肩背起倒踢。更加脉臀掘起来，场中抛球喝采（彩）[一]。

〔一〕采，据文义，疑为『彩』字之误。

封袖跌

双手封袖极多力，故意带来出手敌。他必把持拖过去，顺势推山奔胁肋。即恐他步退回后，须先勾脚要来疾，上推下缩，倒地毕（笔）〔一〕直。

仰卧压跌

我身仰卧尚未起，他将身体压下矣。他身将压下，我先膫头缩将，起膝头顶肚，两边空，一翻跌下，我爬起，起来骑了他身儿，任他有蹲起。

仰卧后嬴（赢）〔二〕跌

我身仰卧手脚，直手边来用靴脱，脚下又有人来疾，一脚勾弓一脚踢。他人颠倒吾起来，先轮（输）〔三〕后嬴（赢）称莫敌。

〔一〕毕，据文义，疑为『笔』字之误。

〔二〕嬴，据文义，当作『赢』字。后同。

〔三〕轮，据文义，应为『输』字之误。

童子拜佛

两分明，左手肠下承重，若得回回勾脚，那（哪）[一]怕他事（是）[二]英雄。插花手，练分明，随手当卖弄。

叶底藏桃手

左手推开手肘，右手阴下无情，复起拿他手要雄，左拳耳边便进。左手复下承住，右手又奔耳丛。动问君子有何能，叶底藏桃果狠。

鞭顶肘

劈面掌来甚急，颠倒鸳鸯拳逼，肋下顶肘要来疾，竖起面上金橘。复下来承住右肘，径奔心曲。拜掌填拳要疾，方显鞭顶第一。

鞭逼肘

拳起须将手逼，逼他不可放松，横拳急急坐肚，冲转上承他莫钝。右手劈他就打，拜掌填拳难停。

〔一〕那，据文义，当作『哪』字。后同。

〔二〕事，据文义，应为『是』字之误。

须知鞭逼最雄明，劝君切莫轻进。

分洗手

左手推他右手，右手急进搥胸，凤凰展翅向阳分，纵有膂力难动。左掌溜去右掌，显出五爪金龙。一肘皮破血淋身，方知分洗手狠里死手。

窝里炮

右手双掌推出，左手拜扪齐来，欲将退步急闪开，谁知填拳损坏。但知拳进甚速，那（哪）晓罗步跟来。窝里炮响实哀哉，纵以（似）〔一〕金刚难摆。

还勾手

右手披他右手，左手推护香腮，还将右手就勾来，他手纵起何在。膂颈一拳砍去，顶上疼痛难挨。拜掌填拳奔心怀，方知还勾利（厉）〔二〕害。

〔一〕以，古文中通『似』字。

〔二〕利，据文义，应为『厉』字之误。

五横手

左手拿他右手，右拳从左斜撞，起处便是面颜红，一肘看怀便进。竖起贴面金橘，拜掌填拳紧跟。惊去七魄与三魂，方是神拳五横。

六平手

手上加手推石，飞起掌奔耳腮，未纵员过左边，左来掌依然不怠。右手一肘进去，竖起金橘飞来。拜掌填拳便进来，方知六平手古怪。

二便手

手起加手推出，眉窝心穴掌来，左上右下好安排，势中带靠为最。右掌傍身上脸，拜掌填拳进怀。进怀便手起好戏珠，纵敌千金（斤）〔一〕无碍。

仙人躲影

他人右手打我，我将左手推开，闪身背后却左，更兼右脚勾碍。他若强健倒右，我亦顺右加推。吾将右脚先勾来，躲影颠跌莫怪。

〔一〕金，据文义，似为『斤』字之误。

小儿拼命

双手推开右手，右手急奔阴来，转起拳儿面上栽，拜掌填拳莫怪。

令公触死李陵碑

右手打来左手托闪，左手打来右手托闪，闪在背进，腋是良方。

眼法

裹手江（将）[一]拳须要活，进攻托肘两分支。斜江（将）推步真方法，不得迟方手足迟。若要逞能还要熟，长将两手必支持。

打法　步法

丁不丁，八不八，要进就进，要发就发。他若动身，我将脚踏。

转身法

进步摘心肘，膄（搜）[二]心摘胆拳，低头知挂脸，翻身小足臁。

〔一〕江，据文义，疑为『将』字之误。后同。
〔二〕膄，据文义，疑为『搜』字之误。

满肚痛

拳来当心胸打我，我用左手挽开，右手垂下奔阴。事来复起上面爪，下一拳望（往）心挽进。谁想上勾下推，有人场中叫苦哉，满肚痛难摆。

醉八仙引

醉也（者）〔一〕，醉也，号八仙。头颀儿，会（曾）〔二〕触比（北）〔三〕周颠（巅）〔四〕，两肩谁敢与周旋。臂膊儿，跌（铁）〔五〕样坚；手肘儿，如雷电。拳〔似〕〔六〕低（砥）〔七〕柱，掌如风烟。膝儿起，将人掀；脚儿勾，将人损。破削抓拿，谁敢先〔八〕。身范儿，如狂如颠；步趋儿，东扯西牵，如教人难留恋。八洞仙踪，打成一个京（锦）〔九〕冠饮至天。

〔一〕也，拳经拳法备要作『者』字，当是。
〔二〕会，据文义，疑为『曾』字之误。
〔三〕比，据文义，应为『北』字之误。
〔四〕颠，据文义，当作『巅』字。后同。
〔五〕跌，拳经拳法备要作『铁』字，当是。
〔六〕似，据拳经拳法备要所补。
〔七〕低，据文义，疑为『砥』字之误。
〔八〕破削抓拿，谁敢先，拳经拳法备要作『披削爪掌，肩头当先』。
〔九〕京，拳经拳法备要作『锦』字，当是。

壹节 耍孩儿 分洗手

汉钟离，酒醉仙，葫芦儿，肩上悬，滚来滚去随他便，随他便。虽则是玉山颓样，也须要躲影神仙。膝儿起，撇两边，起时〈肘〉〔一〕最紧（忌）〔二〕手足硬。牵前踏步，带后推肩。

二节

韩湘子，酒醉仙，竹筒儿，手抐（内）〔三〕拈，轻敲重打随他便，随他便。虽则是里里（裹）〔四〕外裹，也须要拜掌颠（填）〔五〕拳。鱼鼓儿，冬冬（咚咚）〔六〕填，打时须〔七〕知扫阴现。去时躲影，来要〔八〕蹁跹。

三节 大跨跌

吕洞宾，酒醉仙，背上儿，双飞剑，披手披足随他便，随他便。虽则两手如尖（矢）〔九〕，也须

〔一〕肘，据文义，疑为衍文。

〔二〕紧，据文义，应为『忌』字之误。

〔三〕抐，拳经拳法备要作『内』字，当是。

〔四〕里，据文义，应为『裹』字之误。

〔五〕颠，拳经拳法备要作『填』字，当是。

〔六〕冬，据文义，当作『咚』字。咚咚，象声词，表示鼓声。

〔七〕须，拳经拳法备要作『谁』字。

〔八〕要，拳经拳法备要作『若』字。

〔九〕尖，拳经拳法备要作『矢』字，当是。

要直刺（利）〔一〕牵拳。反复（后）〔二〕步，要身偏，偏时肘在阴〈阳〉〔三〕囊见。从上劈下，石压山颠（巅）。

四节

曹国舅，酒醉仙，手儿里，尘（拂）〔四〕尘翩，直肘横肘随他便，随他便。虽则是身步齐进，也须要劈（臀）〔五〕膊浑坚。顶肘开，顿肘殿（填）〔六〕，生（坐）〔七〕时虽（谁）〔八〕知身坐莲。劈（臀）〔九〕肘右下，左劈（臂）〔一〇〕身［旋］〔一一〕。

五节

何仙姑，酒醉仙，铁笊籬（篱），怀中现，笊上笊下随他便，随他便。虽则是鸾颠倒凤，也须要

〔一〕刺，拳经拳法备要作『利』字，当是。
〔二〕复，拳经拳法备要作『后』字，当是。
〔三〕阳，据文义及拳经拳法备要，应为衍文。
〔四〕尘，拳经拳法备要作『拂』字，当是。
〔五〕劈，拳经拳法备要作『臀』字，当是。
〔六〕殿，拳经拳法备要作『填』字，当是。
〔七〕生，拳经拳法备要作『坐』字，当是。
〔八〕虽，拳经拳法备要作『谁』字，当是。
〔九〕劈，拳经拳法备要作『臀』字，当是。
〔一〇〕劈，拳经拳法备要作『臂』字，当是。
〔一一〕旋，据拳经拳法备要所补。

侧进身偏。指上笊，胜跌（铁）〔一〕鞭，笊时须知血儿见。长伸短缩，通劈（臂）〔二〕如猿。

六节

蓝采和，酒醉仙，兜的是，花篮艳，上勾下挽随他便，随他便。虽则是蜻蜓点水，也须要掰（搬）〔三〕开争先。眼儿紧，望下边，望时只怕腿尖见。挽拳挽脚，裹进填拳。

七节

张拍板，酒醉仙，拿的是，铁栗片，拿来拿去随他便，随他便。虽则是金丝缠绕，也须要骨反筋偏。身窕窈，采折坚，采时推托人前面。拿拳拿［掌］〔四〕，复（后）〔五〕手紧［拈］〔六〕。

八节

铁拐李，酒醉仙，头（倒）〔七〕带（戴）〔八〕的，金刚串，左头（投）〔九〕右撞随他便，随他便。

〔一〕跌，拳经拳法备要作『铁』字，当是。
〔二〕劈，拳经拳法备要作『臂』字，当是。
〔三〕掰，据文义，应为『搬』字。后同。
〔四〕掌，据拳经拳法备要所补。
〔五〕复，拳经拳法备要作『后』字，当是。
〔六〕拈，据拳经拳法备要所补。
〔七〕头，拳经拳法备要所『倒』字，当是。
〔八〕带，拳经拳法备要作『戴』字，当是。
〔九〕头，拳经拳法备要作『投』字，当是。

虽则是黄莺磕身耳，也须要脚管肩先。脚儿湾湾（弯弯），好勾臁，勾时郑重人后面。上推下跌，身倒脚掀。

绵张叙

寿春〔一〕，寿州也，有八仙。公遇一游僧，眉长过脐，叠禅台坐于庵之下，数日无饮食，人皆异之。惟有泗洲〔二〕张公滚，家贫，力给采樵为活。见僧端坐，问僧有饭〈店〉〔三〕否，僧曰：『无。』张公每每设馔供之。僧谢滚曰：『汝恩多矣，吾有袖里金不换授与公，当谨记，挝、拿、跌、打应变无穷。』公传与［主］〔四〕，主传与宾，宾传与仆。传四世，艺高海宇，名震两京，京来教不计其数。后祖往山东贩绵，路遇贼，窃去绵货，公用神法制之。贼人跪而造曰：『愿留大名。』曰：『吾乃寿春名家，贩绵生理。』贼人抱头而走，讹传绵张，乃是张公滚也。

吾雅乃绵张，存留产寿阳。学成文武艺，拳法世无双。

正语

我本寿春一武宦，历代传为作师范。俗人秘我是绵张，其实袖里金不换。

〔一〕寿春，地名，位于今安徽省淮南市寿县。

〔二〕泗洲，地名，位于今河南省南阳市唐河县。

〔三〕店，据文义，应为衍文。

〔四〕主，据文义所补。

拿袖法

舒衫立势袖填拳，掌按阴阳次第间。审势分明知躲闪，长将两手掩胸前。

敌长拳法

拳如霹雳，势若奔雷，探身如虎戏婴孩，撞见天神下界。

绵张曰：你身喝我，我也不须身动；拳来打我，我也不须拳迎；让他势过，我也不须惊，我用手轻舒定准。

猴拳丢势歌

两手揸开望（往）后掀，掌背向左左脚悬。若还向右亦如此，踪（纵）起手将前后颠。翻身再踪（纵）如前样，拈着身儿爪血鲜。左上右下颠倒颠，东挨西擦跌为先。

摘打歌

他人拳打，我来用左手拨开，右手掇他背后，拖右脚尽力一拖就倒，捅手亦可。

十字跌

敌人乱打我，吾用十字跌，更兼脚管他，此跌最狠。狠要进不迟，迟却无此用。若还惯用他，何怕人比并（拼）〔一〕。

〔一〕并，据文义，似为『拼』字之误。

进步法

他退我进，我闪他缓，我攻他忙，我急转身换步，照前如一样。

跌法

肘跌肩先下，拳伸膀必查。若用左手插，必竟右脚跟。转身换脚，照前如一样。

身法

与人对敌要推详，身体从容不用忙，破敌全凭一双眼，躲拳须用侧身防。

他拳放过须忙进，腋下轻须难抵他。要短拳敌长手跟，拳生来背指好戏珠。

拘挑衲挽任吾为，叶底落桃望（往）胁进，更加牵扯扯三枝。

撩阴捣项为常事，拜衲齐来不难迟。赶进双枝插花手，承回勾脚玉山低。

伏腿歌

一进身来攒腿加，拳来须用托无差。悬起脚来踪（纵）前去，两掌抓来颠倒差。

敌人闪去颠翻进，承上勾回摘手加。答还硬蹭复跃起，望阳一膝手拿抓。

挝拿歌

两掌頶〔一〕颜好抓拿，撩阴捣海不放他。更兼摘踪（纵）将前去，五爪金龙面上埋。

里手推衲元光上，外手勾挪（搬）脚下来。若还手起拳掌削，平分一洗王家颓。

〔一〕頶，据康熙字典载，胡沃切，音鹄，鼻高貌。

紧眼歌

双眼睁睁要进身，乘空滚来不徇情。有腿来时切挽接，百不失一号金精。拳打手达难逃掌，掀来托去任君行。不怕来人手似箭，管他分寸不容针。

中栏（拦）[一]势【搜虎棒十四节】

偏身中栏（拦）仅尺余，枪棒来时挨托之。探开器械还勾出，当心一点决无疑。若还复手望（往）脚进，随手随头一橹（撸）[二]之。橹（撸）出急来莺磕耳，横金一步莫差厘。

大当势

敌人高来势极凶，大当之棒不容情。当时急刺丢赚计，归来搅却捣鼻冲。敌人能闪今空发，紧跟一棒劈脑分，只恐他人器械熟，施风一去莫停踪。

大剪势

敌人使下滴水枪，大剪之势正相当。复起劈破连心计，又恐敌人枪复枪。搅捉枪身勾开去，锁眉捣颡[三]不能忘。他不复手逼来紧，斩截之棒无相防。

[一] 栏，据文义，应为『拦』字之误。后同。
[二] 橹，据文义，应为『撸』字之误。后同。
[三] 颡，额、脑门。

捧盘势

他人使下齐眉杀，我把捧盘托起来。他若变成颠捉势，我用诸破亦宜该。复下撩阴并剪拨，定怀一点莫疑猜。他若再来身闪立，一拔一揭锁喉来。

大吊势

他人最好中平枪，我用大吊把手伤。复下棒稍（梢）〔一〕望（往）脚打，挑回枪棍难身傍。又将棍头吊手去，伤来颠橹不须忙。抽身斜溜闭阴上，翻身披削更能降。

齐眉杀

他人诈铁牛耕，我用齐眉杀，反雄虽颠。

范文晤节之老序〔二〕

不才忝在武中，十有八九矣。幼年习艺，幸遇名师教益，苦练摩拟，方可谈武。迄今并未失足于人，虚名颇广。所以然者，不过少得拳中之治、拳中之灵、拳中之诀耳。每寻师访友，二人举手，即知刚柔、斜正，粗细决疑，恨难复遇高人指示，予之未到。

凡学武者，无论中年、少年之人，谨记不可胡行乱语，存心省悟，然后可得一着。以后逢人，不

〔一〕稍，据文义，当作『梢』字。
〔二〕老序，指旧有的序文。

可轻易说诀。如深谈者，恐他人留心，日后不便，悔之晚矣！

逢人比艺起手，我肩眼对他心窝堂（膛）穿衣〔一〕，我肩眼随手起，随手应，左右当中随我进。进得妙，入得巧，便是金刚也跌倒。不发以看手为主，自己认真，切勿心疑，则按五方四面，能招能架，在于身手、步法之灵妙耳。『文武』二字乃大丈夫所为，宁可失礼，不可失足。果能精艺无敌，亦是人生之英名云尔。

发着论

法曰：凡用起举之道，其淡如水，不动则可，动则惊人莫比，似假似真，似虚似实，其法莫测，既无形影，又无样式可凭也。又无跌打相助，只有三法随身，身手、步法而已，思之有味。客问曰：此法着乃人所未闻罕见者，其中谈法果何如乎？予答曰：不问则可，问则难尽莫比，何也？手不离圈子，圈拳无敌也。任单手、双手、左右、前后、上下、高低，心到口到，身、手、步、眼一齐到，手不差，步不错，身不疑，三法不相离悲（背）〔二〕，难脱方寸地。疾速颠翻，则审（使）〔三〕其来人，无法可偏闪腾那（挪）。不发如山，发则伤人。指敌者，叶底身来，入步全无，步来连环，阻挡走冲紧近。他若粘衣犯我，讨笋〔四〕全应六个字眼：呼、喇、叮、咚、革、扎。有人相摹法着，诀不遇明（名）〔五〕

〔一〕肩眼对他心窝堂穿衣，意指将肩头对向敌方的胸膛门襟。

〔二〕悲，据文义，应为『背』字之误。离背，此处有悖谬之意。

〔三〕审，据文义，似为『使』字之误。

〔四〕『讨笋』一词，在此谱中出现多次。该词应为方言俚语，按文句语境，似有对敌机窍之意。

〔五〕明，据文义，应为『名』字之误。后同。

师怎得知？客叹曰：如此，法真难测也！

圈拿真论

圈拿五尺围圆，所取者能大能小，能放能收，不过方寸。其圈有百灵百巧之妙，有等诸公亦效样式，便自称圈，恐徒效皮，未识圈中之用度也。见常道中也有圈里、圈外之跌打，其圈与我大小相同。圈拿有着他，有刚有柔，左右、前后、上下、高低，一切短打皆不出此。圈中之理，凡有假托者，对手一迎便知，真假立办（辨）[一]矣。【即听问手也】

用法论

【走（最）[二]难妨（防）[三]走中，中真难妨（防），不妨（防）跌了去，防者见阎王】

发者理，一直挤，东惶惶，西惶惶，左近近，右近近，还是当中近。法中有个近，里近一近之间没了命。心穴、夹穴与脐穴，三法全凭锁喉穴，平中还有封门穴。三法：走三法、冲三法、紧三法，要带近，周身都相应。左招右架目无人，他若横行我有闪。若有此法着，身不动，手不动，脚不离，三法要相宜，三丈五尺照样起。这法随湾（弯）里[四]，那（哪）怕人多谁我挤[五]。人看看，你看看，

〔一〕办，据文义，应为『辨』字之误。

〔二〕走，据文义，疑为『最』字之误。

〔三〕妨，据文义，应为『防』字之误。后同。

〔四〕随湾里，有随曲就伸之意。

〔五〕挤，有举起、抬起之意。成语有『挤首高视』一语。

人人都来看，三法何曾见？若不经师传，不如不必看。

神指法

来者劈面打，我随颠翻进。右步进正当中，将右拳指他面，速下封脐撩阴，紧疾速招架，颠翻按穴道，左右肘夹穴，心穴与脐穴，翻出跌去定昏迷。

除魔法

我去我自去，一进难阻滞。你无出入门，近不得，出不得，左右当中动不得，千着成何用，一着见高低。这是真传法，验过方知惹不得。

又法

粘衣犯讨笋，逼手犯圈拿，开合随颠翻，劝君休使蛮。我有三法蛮，若还蛮得去，三法何须制？招架不清，利恐误及身也；圈子不精熟，四面难顾也。起手审虚实，心清不乱也；三法不齐到，迟不齐事也。

入手法

后手不紧前手弱，后手一紧前手硬。步眼不足身难紧，步眼不足审虚实。虚实之后我步紧，我步一紧人不测，身手步法真难识。

醒心诀

未学人奔我，既学我奔人。未下我先下，未起我先起。

道理封难尽，配合在此间。远近由我意，何必另打关。

如意诀

入步踹当中，起手锁猴（喉）〔一〕拳。进门分左右，入步管两边。左手人上招，右手人上架；中间人犯拿，后上人犯跌。若横行，我闪法，起手连三紧，神出鬼入不寻常。有人识得其中意，天下横行［谁］〔二〕敢当。

交手诀

一逼、二胆、三拿、四紧，喝到、步到、身到、手到，四事俱到，不怕不倒。

切记：上指鼻尖，中指肩尖，下指脚尖。如此三法俱对起手，来者自然大空。你法发，平中一点真难发，『革扎』一声翻出去，这法实是真拳法。

逼手法

拿是浊中浊，逼手审轻清。短中若带逼手诀，游遍天下是名人。动问逼手有何能，逼手一逼不认人。圈中若少逼手诀，圈拿之中也无根。一逼二紧三法齐至，六寸之间周身无空。随看随进，能闭周身穴道，翻来复去之理。彼有千着之举，交身一逼除疑。若论一切短打，惟逼手莫测其妙也。出入一条线，手法不见面，说打不是打，跌去不是跌，他法不见面，穴道不可灭。自细思量起，这诀不是诀。

〔一〕猴，据文义，应为『喉』字之误。
〔二〕谁，据文义所补。

总诀

凡用打着，齿要咬，身要小，步要速，起手识邪正，入步审刚柔变化，随心转敌者难抵当（挡）〔一〕。上着封门拳，随手紧思心，放胆一直近，高低远近都相应。圈外虚，圈〈圈〉〔二〕里实，只宜进，不宜出。中着用紧，换身用紧，拈拿用紧，他出用紧，我进用紧，高低用紧，左右用紧，周身用紧。或带扎起手，常代（带）三分扎，着着不可离。扎下讨筭，左右跌敌者讨筭，遇跌者讨筭，遇力者讨筭，遇剥者讨筭，遇难者讨筭，遇人多者讨筭，周身随便讨筭。左挪移进右步，左手扬他稍（梢），扬稍（梢）拳下实难熬。左偏闪进，右步正当中，斜行劈面打，随手錾錾而不足再錾。

师传秘诀附录

既发莫留怜，留怜他心变，他心若一变，我心忙似箭。齿咬、肚吸、脚指（趾）〔三〕巴（扒）〔四〕，气凝、手辣、身活。眼下不乱视，心勿张恍，胆大，要速，宜紧。

古者文武皆是一经。今人所学如顺理者，得学易，学则成；逆理者，或乱难精。任君智过夫子，

〔一〕当，据文义，当作『挡』字。
〔二〕圈，据文义，应为衍文。
〔三〕指，据文义，当作『趾』字。
〔四〕巴，据文义，似为『扒』字之误。

不遇明（名）师莫强为。凡人欲学，须要学成，不可秀（秀）〔一〕而不精。寻师访友，全要心灵惟巧。论学武者，全要手快眼尖，无休无厌，无不成矣！若论外教，比如広（麽）佛游僧〔二〕穿法［衣］〔三〕，打乐器，混哄良家子弟，有何好处？世人学之无益。若论短者，如此善知。释教因万法皆空，俱以晤（悟）〔四〕彻，一问百答、果遇明（名）师，真传实学。学者倘逢大敌当前，面不失色，庶不乱法。上下、左右看得清白，起手、步入反正俱清，无影无形，去得真，入得妙，顺力依法，出入不乱，大小身法用之不错，手足俱齐，紧快相上下着跌。宁可精多而不用，不可用少而不精也。

范二序　附习武功

习武要明刚柔、虚实、斜正之理，刚在他力前，柔在他力后，近如风，刚柔得休（体）〔五〕。虚实者，灵不灵，实不实之谓也。斜正交行，阴阳配合。他若直路，我行斜；他若斜行，我直进。子午相对为正五行，走步跳跃为［斜］〔六〕五行。得人在旧力已尽、新力未发之时。一问百答。一问而不答者，

〔一〕秀，据文义，疑为『秀』字。

〔二〕広，据文义，当作『麽』字，有细小之意。麽佛游僧，对某些游方僧人的鄙称。

〔三〕据文义，『穿法』后似缺一『衣』字。

〔四〕晤，据文义，似为『悟』字之误。

〔五〕休，据文义，或为『体』字之误。

〔六〕斜，据文义所补。关于『正五行』『斜五行』之论，见明代唐顺之所撰武编前集卷五，其云：『五行有变，上下跳跃、走步，谓之不正，为斜……不及子午正攻。』

如痴聋喑哑之人面力也。

圈子双进手

他起右手捣来，我上右步起右手，一个圈子对就还他，对手进跌，再或拗上左步双进手。

圈子管四面

他起不起，我上右步起右手，当中一个圈子步下足，往他手上一紧跌。倘右边有人上，挪右步起右手，反拳锁他喉下一紧受跌；或左边有人上，我上左步起左手，反拳锁他喉下一紧受跌；或当面有人上，我还他一个圈子，依然还他一紧受跌；若后面有人上，我急出右步，用肩眼回手下一紧受跌。圈子进步法。

逢人不可横对

他起右手捣来，我横上右步，起右手一个圈子，管他右边。他左手或上来勾我右手，我落右步，将右手反拖反出伤他，急出左手抵他胸堂（膛）一紧受跌。不上右步，起右手连胸腿一扎，往开一单攒受跌。

圈子双手打上捽上【此着可用】

他起右手捣来，我上右步，起右手一个圈子，管他右边。他或落步，我上左步起双手，从他面当中打下。受伤不跌，双手从下往上一杵；受伤不跌，再双手打下受跌。

圈子招扎

他起右手，我起右手一个圈子。他右串捣，我将右手往上一紧，不能上脸。他左手打我胁，我将右手往下一扎，伤他左手。他右手若要起，我上左步，起左手往胸脯一紧受跌。

圈子左右进

他起右手，我起右手一个圈子。他左手起，我落步，我上左步起左手，从他怀中捣，在胸脯上一紧受跌。

圈子再圈进步法

我横上步，还他一个圈子。他来抱我，我挪上右步起右手，当中捣他心窝，或喉下一紧受跌；不倒，上左步一紧受跌。

我拿圈子他来抱住我

他手起不起，我上右步，起右手一个圈子，他便上来连身抱住，我将右手捣他食囊；不俱（惧）〔一〕那一处，自虚身一落膝，往他左边攒他受跌。

前提当（裆）〔二〕

或右拳往他栽，他若一松，我拗上左步，双手随便捣他那（哪）处，自虚身攒他，往右攒搂抱跌。

〔一〕俱，据文义，似为『惧』字之误。
〔二〕当，据文义，似为『裆』字之误。后同。

我拿圈子他左手搗来

他起右手，我起右手一个圈子。他便上步，起左手打我右手，我右手往上一紧，他左手不能伤我；我上左步，双手一紧受跌，再或摇开一个圈子。

我拿圈子他落步等我

他右手一起，我起左手一个圈子。他落下右步，起右手搗我胸，我挪开右步，摇开一个圈子，搭上左步，双手在他心窝处一紧受跌。

我拿圈子他落下右步，佃（垫）[一]起左腿搗我

他右手起，我右手一个圈子，便下左步。后垫起左腿搗来，我上左步，起双手当面抹下，连腿受伤受跌。

他拿圈子犯我逼手

我起右手搗他，他起一个圈子拿我。我右手直往他家[二]一逼，就搭上左步手紧他，他落步，我上步紧受跌。

采领靠墙

他右手采我领，拿住墙上紧，我右手搗他夹窝之处，上左脚往傍（旁）[三]一伸，有虚一到，他一虚，

[一]佃，据上下文，应为『垫』字之误。
[二]家，据文义，有内部之意，与『外』相对。
[三]傍，据文义，当作『旁』字。后同。

我手一代（带），右手撩他喉下受跌。

采领连身靠挺住我，用头碰我

他右手采我领，拿住靠紧头碰我，我起双手掏他心窝，腰眼之处自虚。身一跌，他一虚，我将右手插他喉下，他要动，即封他面门。

抓阴采领

他左手抓我领，右手抓我阴。我左手掏他右拳根，右手掏他右肘湾（弯）处，自虚身惯他受伤受跌。

看人架势

他排一架势，或七星指当（裆）、探马、单鞭、盘肘、埋伏下插头炮，不拘诸势，我上右步起右手，看他虚实，要自己右肩对他。他不动，我上左步一紧，或马眼肩眼之处受跌，不起双手双紧受跌。

观人起手出入之法

如我右手步在前，起双手右肩眼对他，坐马势双手心轻上，我肩眼有二寸之处，管住对着他行。若左右当中而来，高来犯，我竖犯，我锁喉；中下来犯，拿扎冲紧近步，下要挪移，上下身沾活便。再或左手步上，也是照前一样有法。

左拿右扎

他右手搗我胸，我上左步，起左手拿他右手。他左手搗来，我上右步，起左手扎他右手一紧跌。不跌，左手抵他胸一紧跌，挪上右步起拳，拂下一钻受跌。

起手诱我之诀

我起右手提他一拳，他右手一个圈子，吊下急奔左边。我回右手反拳拖下，上左步管他脚，起右手打他右手，急起我右手捣他胸喉，切面受伤跌。

挽挞双步跌

他右手捣来，我左手挽他右手拳眼，上右步出右步，冲他胸膛一紧受跌。

双手有八字

斫、砍、提、拨、推、扑、铎、㨯[一]。

又有四字：一狠、二快、三准、四稳。

切记：挨手进，挨手出。一要变手存心，二要眼俱快，随手起，随手应，用下有进退，用手有单双，全在身法步下讨巧。腿上踹腿、迎门剪、金刚剪、跌剪、又剪、落步剪、倒马促、左右滚背，其中奥妙难以尽言。谨述于右，俟滚（后）[二]学之此察马（焉）[三]。

看（斫）[四]【或进退里外，起双手，从他当中打下，打他面鼻、胸脯、食囊、大腿、恢膝、脚面之谓斫】。

〔一〕㨯[xuàn]，有手挑物之意。
〔二〕滚，据文义，应为『后』字之误。
〔三〕马，据文义，应为『焉』字之误。
〔四〕看，据上下文，应为『斫』字之误。

砍【或进退里外，双手从他面上砍他手，随推扑滚背，此之谓砍。左右一连，还他几砍】。

提【或进退里外，起双手当，跳起抓阴，中撩肚，上打面，那人着重，发推扑滚背再看，此之谓提】。

拨【或进退里外，起我手挨身打下，或连劈他两三下，他若受打，发冲扑滚背，左右一样，此之谓拨】。

旋【或进退里外，起我双手，侧身进横将我劈他为旋，他若受旋即发冲扑滚背】。

推【或进退里外，起我双手，连发着五个字，拘用那（哪）一个字，即发推扑双手，在他身上一紧发推扑】。

扑【坐前推字样，兼看用方是双手捺他胸前小肚连我跌为扑】。

铎【不用里外，只用兼看五个字，我双手膀子打他胸脯、小肚之处，他若不倒，还他推扑滚背】。

开手双劈圈外待推扑

他起右手捣来，我圈外上右步双手打下。他若收回，我即前步一挪，双手发推扑受跌。

开手圈里双劈推扑

他起右手捣来，我上左步起双手劈右手。他右手要收，我即挪前右步，起双手还他推扑受跌。

圈外双劈推扑

他起右手捣来，我圈外上右步起双手打下，随掏他左脚根（跟）[一]往家一收，他往家来抱，我

[一] 根，据文义，当作『跟』字。后同。

即发推外他更受跌。

双劈左右滚背撷手看手

他双手捣来，我圈外上右步双下劈。我将双手掏他后脚根（跟），我有眼靠他膝头，浑身往他一滚，漫身而过，我将手管他脸，防他腿。

双劈左右圈里滚背

他起左手捣来，我里上右步起双手打下，他不落步发推扑。如落左步，我就双手掏他后跟一滚，管面防腿。

迎门剪

他起右手打来，我圈外上右步双手打下，将我左步近满套他后脚，我将双手捺他，起步打他小肚、大腿、胸脯，不拘那（哪）一处受跌。若不跌，即复身还他一剪受跌。

马眼剪

他右手打来，我圈外上右步起手打下。他落下右步，我身法小紧，即上右步圈外管他脚，用双手捺他，起左脚打他受跌，手捺他脚往家一收。

双手任人门头

他起与不起，我进步双手砍他手。他手若要起，我随双提起。他若直进，还他推扑。他若奔左右，还他冲扑。连环倒马，促与夫迎门剪，俱随意串同，用熟为妙。

左右勾振

他若右手打来，我将左手勾他右手。他起左手打来，我收右手勾他左手，我右拳捣他胸口受跌。逢勾，他闪过将身一虚，借势还他冲扑。他前偏犯我，冲扑横扑受跌；他若挞住我手，借势还他滚背。或用金刚六着跌我，勾振之间，他便起手打我手，我双手串去足（造）〔一〕他，看手打他手，即发推扑受跌。

诗诀

双手劈下随身进，扑推发出捣胸膛。饶君巧有千般退，管教遇着卓然惊。
入步双看小雄门，下往犯上用双提。任君左右能偏闪，管教拍下见阎君。
圈拿逼手妙难言，重浊清轻由自然。逼身肩眼全凭步，紧进相随快如风。
有人学得拳中诀，可作人间武艺人。

余寻访有年，俱属支离未学，及观圈拿逼手，袖（神）〔二〕乎其技矣，非仙而可。今难，风教已殊，真传邈汉〔三〕而存。兹六着，非好学深思心知其意，固难为浅见寡者道也。余并论次，择其尤杂录为是书。果潜心玩索，寝食其中，不无少补之耳。

〔一〕足，据文义，或为『造』字之误。造，在豫皖一带的方言中有格打之意。
〔二〕袖，据文义，应为『神』字之误。
〔三〕邈汉，有高远之意。

拳中要诀

身法、手法、步法、迎法、闪法、软法、硬法、收法、打法、放法、推法、封法、近法、勾法、串法、跌法。

短中步法

车轮步、后挪步、上字步、入门步、过门步、揓鸡步、呆步、一撒步、七星步、连环步、梅花步、踢近步、偷近步、落步、后垫步、单进步、双管步、雀儿步、猿猴步、管中步、双搭步、挪移步、寒鸡步、连三步、颠翻步、鹤步、雄鸡步。

短中巧变反正十二手

四剪手，左右串。五行手，十跌九串。六合手，进步能破诸势。七星手，过门步走；莺（鹰）〔一〕抓手，讨笋上犯擒拿；车轮步，连环双进步。逢收手退一步，打太山压顶势。近靠身，方可发双封手；双过门，步里望外上下手。大串手，上路犯销下犯撩；小串手，紧推左右落膝步；短中八串是母法。云：有人学得大小串，天下教师打一半。我单近手，他必探剪。用揓鸡步、右串手、双管步，用双封手、左右外串，随他要软快。用过门步犯手推我，用挫手双管脚撒手。我进单手，他用双封手，要大串左圈外换长短步。他若单进手，我剪手上一步，当中要身满步，入手快。他手挞我手，犯外串用勾步，左右犯打，左收他外双手，近步我须用双盖手。他如退步，我车轮手到。我出手，他用勾手，我心洗手双犯，入步随

〔一〕莺，据文义，应为『鹰』字之误。

入身到。

歌诀

视不能［如能］〔一〕，生疏莫临敌。后手须工，偏身着力〔二〕，动时把他（得）〔三〕顾（固）〔四〕，一发未［深］〔五〕入。

得与讲武，那（哪）一只手向前，就是那（哪）一个肩眼向，不可横对敌人，有不便之处。与人交手，只认我手，莫认他法。如真敌人受跌，与人此势，学手不错，出入有方，讲武不乱，用跌不空，方为中豪杰。凡人讲得精透，未出手，先着得，真手入他门，凭他招架，只在紧快咳嗽用工夫讨巧。他未曾起势，我先破他。他若换势退步，未退一寸，我进一尺，岂非九退十空。习武不在多，只要精练得熟。手要狠，步要稳，出手要准，收手要灵，发腿要实，扇要巧。习就手、步、眼，学动出手就中。用身无空，处处要紧极，任你名师亦难取胜。

〔一〕如能，据明朝俞大猷所编剑经所补。

〔二〕后手须工，偏身着力，剑经作『后手须用功，遍身俱有力』。

〔三〕他，剑经作『得』字，当是。

〔四〕顾，剑经作『固』字，当是。

〔五〕深，据剑经所补。

论攘〔一〕

夫攘，其淡莫比，其狠莫敌，不攘则可，攘则惊人。思之，有来客叹曰：我来不来，可有攘我之处？余曰：攘有五方、四面、远近来处，软硬、虚实、斜正之理，有如尽之妙。我攘，惟有之法随身，身、手、步、眼而已。客叹曰：深伏（服）〔二〕也，实难破也！夫腿者，起脚半边，虚实不如手也。今遇人腿，心中怯，见手反来走。吾腿与手一样。但手稳脚虚，若论如此，腿实不如手也。一手能管双脚，手固利于腿也。大凡与人交手，对敌手要老，紧靠身、手、步法。到发人，多灵妙，要看学手。他虚我实，他实我虚，他硬我软，他软我硬。管上防下，管下防上，管左防右，管右防左。进入当中为圈里，近入膀子为里外，不有斜正，他若斜，我直近。得此一着，不怕千着。

又曰：万法为一法，一法通，万法皆通也。诗曰：手如闪电步如风，动如雷震站如山，身手步眼皆灵法，丯（才）〔三〕流四海有谁欺。妙法皆因三两着，无师传授枉费心。至今识得其中意，笑杀江湖卖术人。阴阳手空中闪幌，暗藏撩肚洗面良。外圈里拿偏闪用，内有紧逼怕甚脸。似退非进如风动，身活独立有威重。刚柔斜正虚实通，才得高名出世中。无中生有千变化，死生求活妙无穷。若能会了拳中诀，天下横行敌万人。左进右出人能识，锁喉拳出快如风。真出积难双手进，便是金刚难传翅。

〔一〕攘，有排斥、侵夺之意。文中之『攘』字，据上下文，似指技击方法。

〔二〕伏，古文中通『服』字。

〔三〕丯，据文义，疑为『才』字。

又，剪手身法治，便左右管，出入如风，逼敌人手足无措，任我手脚踢拳捶。看提手实难顾。攻进如风电，双手逼他手。短打以熟为先后，前攻后，左右受变，借力踢人妙无穷。逼提看拳中，但上下、左右总提防。惟有胸喉穴要认，参透机关只当闲。上中下来真难进，右招右架紧相随。但逢外教莫认真，长短入门办得清。长中出手都是遥，短无影，又无踪，讲打不可轻视人。三岁童，要留心，若要欺小中（终）〔一〕有误，鱼樵内里有高人，不是知音说小认。可谈多，莫谈少，大小手中休说尽；切讲道，莫讲巧，大能变小小变大。降龙伏虎当中下，若还挣扎还我祎〔二〕。五行手可破诸势，切莫离身。出入如同车马行，出手如独虎得食，用脚似挠勾相同。身、手、步、眼一齐行，左右、前后一般同。双手劈开望（往）上横，来人受跌倒栽葱。当面打下须要法，谨防起脚挑当中。左右摩手施手、步，上如倒树下搜根。任君左右、前后去随身，换步实难当。双手破开架势，过门步切莫留停。入门须闪耳边行，软硬随身变化生。软里硬中俱犯打，硬里软大串飞身。是短务要紧粘衣，下打跌身法莫容情。你若顺情终有误，迟快之中巧不变。无穷手打，步要分明，见肉分枪凭偏闪，任你刀枪也不妨。圈里打起连环手，退步冲心发外人。单进手必须回顾，双进手务要进步。措手进思神不知，摩手出念飞无破。我入他门快里躲，他入我门紧锁。若能躲锁及今精，但逢讲武可能行。

诗曰：费钱费力费精神，不可轻传无义人。学得精艺防急用，只留一着值千金。

〔一〕中，据文义，似为『终』字之误。

〔二〕祎，有美好之意。

序〔一〕

夫医门十三科〔二〕，惟伤科最为迅速也。凡有病象，延请不可因循慢行，必须顷刻而至。机巧治节，活泼流通，心欲小，胆欲大，按法施为，此乃医宗之规模也。后之学者遵序之言，为仁术耳。但是，此书系序术藏秘蜜（密）〔三〕之遗书，千金不易，本不轻传。奈济人心急，触望仁人君子以登仁寿之堂，庶不负予之一片婆心也。其中另有口诀，必须心传心授。若能悟得医中趣，方是医中杰，续伤接骨乃如拾芥。若不遇知音，誓不传尔。

血（穴）道图式。然亦要行传，方知其妙。

反面正圖

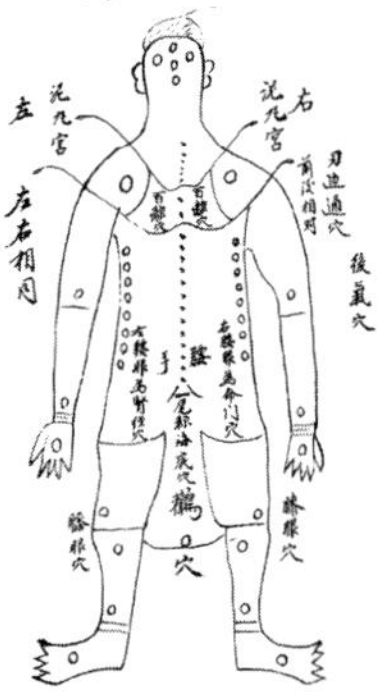

正面圖

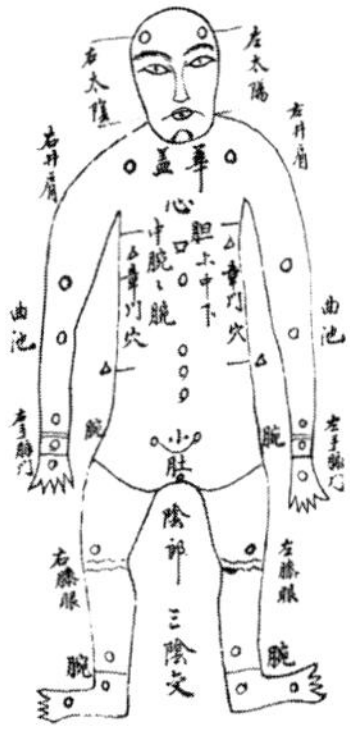

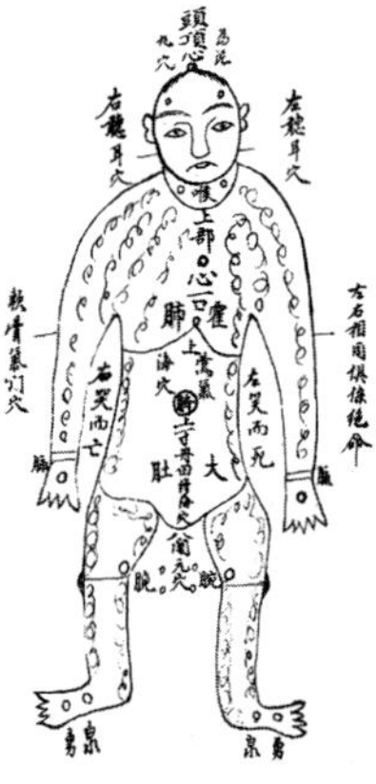

〔一〕这部分内容涉及中医学及伤科药方，具体运用须参考医疗或运动损伤专业图书，校释仅对古籍原文进行整理，不涉及专业知识。

〔二〕医门十三科，即我国古代医学分科的名称。元、明的太医院都将医学分为十三科。元代十三科为：大方脉、杂医、小方脉、风、产、眼、口齿、咽喉、正骨、金疮肿、针灸、祝由、禁。明代十三科为：大方脉、小方脉、妇人、疮疡、针灸、眼、口齿、咽喉、伤寒、接骨、金镞、按摩、祝由。（李经纬、邓铁涛等主编中医大辞典，人民卫生出版社，一九九五，第一三页。）

〔三〕蜜，据文义，应为『密』字之误。

秘传伤科【接骨入骱〔一〕第一善本】

凡人周身一百零八个穴道，七十二个小穴道，伤者丧命，三十六个大穴道更丧命。

心为华盖穴〔二〕

受伤者，人事不省，血迷心窍，三日不治，即时用药可治。发者，十个月而死。

背后肺俞穴

受伤者一周年而死，后两鼻必出血。

左乳上一寸三分，名为上气血（穴）

打伤中者，三十二日发寒热而死。右发者，一百六十日而死。

左乳下一分，为正气血（穴）

伤者十二日而死。右拳泛，十八日而死。

左乳下一寸四分，名为下气穴

三十六日而亡。右发者，一个月而毙。

右乳下一寸三分，名为上血海

十六日吐血而死。左伤者，九十日而亡。

〔一〕骱，方言，即骨节间相衔之处。

〔二〕华盖穴，穴位名称，位于胸部。

右乳下正气穴

吐血十八日而死。复伤者，六十四日而亡。

右乳下一寸四分，名为下血海

三十六日下血而亡。

乳上下一寸两旁偏三分，名为一计害三贤

七日而死。医愈复发者，五十六日而死。

当中挑心骨者，名为黑虎偷心

拳回气绝，临时救之无妨。服药不除根者，可二十日而亡。

下一寸三分，霍肺穴

当时打伤，救好无妨。服药［未］〔一〕除根者，可二十日而亡。

下一寸三分偏左右边，为翻肚穴

伤者三日而死。若腹（服）〔二〕药不断根，复发者可七十日而死。

脐为气海穴

伤者二十八日死。

〔一〕未，据文义所补。

〔二〕腹，据文义，应为『服』字之误。

下一寸三分，为丹田精海血（穴）

伤者十九日而亡。

再下一寸三分，名为分水穴

大小便不通利，十三日死。复发者，可六十四日而亡。

下一寸三分，关元穴

五日而死。

左边合肋毛中，名为气穴门

点伤者，六个月而死。

右边合肋毛中，名为血海门

伤者五个月而死。

右边合稍（梢）骨尽处，名为章门穴

伤者百五十四日而死。

再下一分，名为气囊穴

四十二日而死。

右边肋稍（梢）骨尽处，名为池门穴

六十日而死。

下一分，血囊穴

伤者四十日而死。

头顶心，名为丸泥宫（泥丸宫）〔一〕

伤重者，两日而死；轻者，耳聋头眩，六十四日而亡。

背心第七个骨节两傍（旁）边下一分，名为百胸穴

伤中者，吐血痰，十个月而死。

下一寸一分，名为气海穴

伤者一日半而死。

鸠尾骨尽处下一分，名为海底穴

点中者，七日而死。

两小腿中，名为鹳口穴

伤者一年而死。

足底心，名为涌泉穴

伤者十四个月而死。

〔一〕丸泥宫，据文义，应为『泥丸宫』之误。泥丸宫，又名『黄庭』『天脑』等，乃是人身之中重中之重，总摄众神，在中医临床上亦名百会穴。

大凡三十六个大血（穴）道，用药须仔细。

护心丹【受大刑所用极妙】

黄廉（连）〔一〕灰一钱，肉桂〔二〕八分，乳香〔三〕一钱，没药〔四〕二钱，自然铜〔五〕一钱三分，胡椒〔六〕一钱二分，木耳〔七〕灰一钱。以上研细末，用白蜜为丸，服时另有口诀。

七厘散

月石【硼砂】〔八〕八分，消心肺之血，化汗去伤。

朱砂〔九〕四钱，定心止痛消瘀血，安魂魄。

血夕八钱，去周身各血（穴）道之伤。

〔一〕廉，据文义，应为『连』字之误。黄连，中药名，具有清热燥湿、泻火解毒等功效。

〔二〕肉桂，中药名，具有温中散寒、理气止痛等功效。

〔三〕乳香，中药名，具有活血定痛、消肿生肌等功效。

〔四〕没药，中药名，具有散瘀定痛、消肿生肌等功效。

〔五〕自然铜，中药名，具有散瘀止痛、续筋接骨等功效。

〔六〕胡椒，中药名，具有温中散寒、下气止痛等功效。

〔七〕木耳，中药名，具有补益气血、润肺止咳等功效。

〔八〕月石，硼砂的别名。硼砂，中药名，具有清热消痰、解毒防腐等功效。

〔九〕朱砂，中药名，具有清心镇惊、安神、明目、解毒等功效。

胎骨〔一〕四钱，能去周身之痛，骨节之用。

地鳖〔二〕八钱，去伤强腰足，止痛酒炙用。

土狗〔三〕八钱，去骨肉之伤，伤筋伤骨之用。

赤芍〔四〕三钱，解烦热，破瘀血，疗腹痛。

归尾〔五〕五钱，破周身之瘀血而顺肠胃。

红花〔六〕五钱，多用破血，少用活血。

茄根〔七〕五钱，坚筋骨，行周身之伤痛。

只（枳）实〔八〕三钱，宽中下气行痰。

苏木〔九〕五钱，理气去伤，助各药之功。

〔一〕胎骨，动物的骨架。

〔二〕地鳖，即地鳖虫，中药名，有活血散瘀、通经止痛等功效。

〔三〕土狗，又名『蝼蛄』，中药名，具有利水通淋、消肿解毒等功效。

〔四〕赤芍，中药名，具有清热凉血、散瘀止痛等功效。

〔五〕归尾，即当归的支根。当归，中药名，具有补血活血、调经止痛、润燥滑肠等功效。

〔六〕红花，中药名，具有活血通经、散瘀止痛等功效。

〔七〕茄根，中药名，具有祛风利湿、止血散瘀等功效。

〔八〕只，据文义，应为『枳』字之误。后同。枳实，中药名，具有破气消积、化痰散痞等功效。

〔九〕苏木，中药名，具有活血祛瘀、消肿止痛等功效。

木香[一]五钱，调诸气，去骨肉之伤。

生地[二]六钱，通大便之瘀血。

巴豆霜[三]三钱，去伤，行气、行血。

青皮[四]三钱，快膈除膨胀，下气直行小便。

五灵脂[五]五钱，止胁肋胃中之痛，消瘀血。

蒲黄[六]三钱三分，去瘀血，治胸背之痛。

广皮[七]四钱，开胃消瘀破壅滞之逆。

荆三稜（棱）[八]五钱，破血中气滞积最之功。

蓬术[九]五钱，能行血中气滞。

〔一〕木香，中药名，具有行气止痛、健脾消食等功效。

〔二〕生地，即生地黄，具有清热凉血、养阴生津等功效。

〔三〕巴豆霜，巴豆仁的炮制品，将巴豆制霜可降低毒性，缓和泻下作用。

〔四〕青皮，中药名，具有疏肝破气、消积化滞等功效。

〔五〕五灵脂，中药名，具有活血止痛、化瘀止血等功效。

〔六〕蒲黄，中药名，具有收敛止血、活血祛瘀、利尿通淋等功效。

〔七〕广皮，疑为陈皮。陈皮，中药名，具有理气调中、燥湿化痰等功效。

〔八〕稜，据文义，当作『棱』字。后同。荆三棱，疑为中药名，具体功效待考。

〔九〕蓬术，即莪术，中药名，具有消积止痛、行气破血等功效。

肉桂三钱，行血止痛之功。

麝香〔一〕一钱二分，能通七窍，直达病所。

右药二十三味，遵法炮制道地〔二〕，共为细末，用瓷瓶收，收贮勿泄气。每服二分五厘，轻者分半，年少童子七厘，水酒送下。

加减十三味煎方

五加皮〔三〕一钱五分，砂仁〔四〕一钱，肉桂一钱，五灵脂一钱，寄奴〔五〕一钱，归尾一钱五分，杜仲〔六〕一钱，蒲黄一钱，广皮一钱二分，延胡〔七〕二钱，香附〔八〕一钱五分，红花五钱，葱白为引，陈酒煎服。

〔一〕麝香，中药名，具有开窍醒神、活血通经、消肿止痛等功效。

〔二〕道地，有名副其实之意。

〔三〕五加皮，中药名，具有祛风除湿、补益肝肾、利水消肿等功效。

〔四〕砂仁，中药名，具有化湿开胃、温脾止泻、理气安胎等功效。

〔五〕寄奴，疑为中药名，具体功效待考。

〔六〕杜仲，中药名，具有补肝肾、强筋骨等功效。

〔七〕延胡，即延胡索，又名『玄胡索』，中药名，具有行气、活血、止痛等功效。

〔八〕香附，中药名，具有疏肝解郁、理气宽中、调经止痛等功效。

新伤十三味煎方

寄奴一钱，青皮一钱，桃仁〔一〕一钱，香附一钱五分，红花八分，木香一钱，蓬术一钱，砂仁五分，赤芍一钱五分，乌药〔二〕一钱，骨碎补〔三〕一钱五分，归尾一钱二分，玄胡索一钱五分，三稜（棱）〔四〕一钱五分，苏木一钱，酒煎服出汗。伤重、大便不通，加生大黄〔五〕三钱，引加葱白三根。

飞腿夺命丹

朱砂三钱，蓬术五钱，桂枝〔六〕三钱，苏木五钱，韭子〔七〕三钱，蒲黄三钱，赤芍三钱，秦艽〔八〕三钱，羌活〔九〕五钱，三稜（棱）四钱，归尾五钱，只（枳）实三钱，肉桂三钱，射（麝）〔一〇〕香二钱，

〔一〕桃仁，中药名，具有活血祛瘀、润肠通便等功效。
〔二〕乌药，中药名，具有行气止痛、温肾散寒等功效。
〔三〕骨碎补，中药名，具有疗伤止痛、补肾强骨等功效。
〔四〕三棱，中药名，具有破血行气、消积止痛等功效。
〔五〕大黄，中药名，具有泻下攻积、清热泻火、凉血解毒等功效。
〔六〕桂枝，中药名，具有发汗解肌、温通经脉等功效。
〔七〕韭子，疑为中药名，具体功效待考。
〔八〕秦芃，据文义，似为『秦艽』之误。秦艽，中药名，具有祛风湿、清湿热等功效。
〔九〕羌活，中药名，具有解表散寒、祛风除湿、止痛等功效。
〔一〇〕射，古文中通『麝』字。后同。

宁仙〔一〕三钱，寄奴三钱，广皮三钱，土狗三钱，胎骨五钱，前胡〔二〕三钱，川贝母〔三〕三钱，［自］〔四〕然铜八钱，五加皮八钱，乌药三钱，青皮三钱，地鳖八钱，香附四钱，硼砂八钱，广木香〔五〕六钱，玄胡索四钱，葛根〔六〕二钱五分，血竭〔七〕八钱，共为细末，轻者用为酒服一二分，重者三分，不可多服。

地鳖紫金丹

地鳖八钱，乌药三钱，土狗四钱，血竭八钱，苏木三钱，香附四钱，青木香〔八〕三钱，［自］然铜八钱，桃仁五钱，归尾三钱，月石八钱，胎骨三钱，玄胡索五钱，川贝母三钱，红花三钱，枳壳〔九〕三钱，广皮三钱，青皮三钱，朱砂三钱，射（麝）香二钱，肉桂三钱，木通〔一〇〕三钱，中姜〔一一〕三钱，杜

〔一〕宁仙，疑为威灵仙。威灵仙，中药名，具有祛风湿、通经络等功效。
〔二〕前胡，中药名，具有降气化痰、散风清热等功效。
〔三〕川贝母，中药名，具有清热润肺、化痰止咳等功效。
〔四〕自，据上下文所补。后同。
〔五〕广木香，即木香。
〔六〕葛根，中药名，具有解肌退热、生津、升阳止泻等功效。
〔七〕血竭，中药名，具有活血定痛、化瘀止血等功效。
〔八〕青木香，即木香。
〔九〕枳壳，中药名，具有理气宽胸、行滞消积等功效。
〔一〇〕木通，中药名，具有清热利尿、活血通脉等功效。
〔一一〕中姜，即骨碎补。

仲三钱，蓬术四钱，故纸〔一〕四钱，秦艽三钱，川断〔二〕三钱，桂枝三钱，黄芩〔三〕三钱，羌活三钱，良姜〔四〕三钱，牛膝〔五〕三钱，松节〔六〕五钱，赤芍三钱，丹皮〔七〕四钱，宁仙三钱，赤苓〔八〕三钱，韮子二钱，三稜（棱）四钱，灵脂五钱，葛根三钱，志远（远志）〔九〕三钱，蒲黄二钱，泽泻〔一〇〕五钱，枸杞〔一一〕三钱，共为细末，每服二分，用老酒送下。

华盖穴受伤引经之药

枳壳一钱，良姜八分，加十三味煎方，又用七厘散二分半，行心胃二经之瘀血，行过三次，冷粥汤止之，再用飞腿夺命丹一服全（痊）〔一二〕愈。

〔一〕故纸，又名『木蝴蝶』，中药名，具有润肺利咽、疏肝和胃等功效。

〔二〕川断，续断的别名。续断，中药名，具有补肝肾、强筋骨、调血脉、止崩漏等功效。

〔三〕黄芩，中药名，具有清热燥湿、泻火解毒等功效。

〔四〕良姜，疑为中药名，具体功效待考。

〔五〕牛膝，中药名，具有补肝肾、强筋骨、利尿通淋、引血下行等功效。

〔六〕松节，中药名，具有祛风、燥湿、活络、止痛等功效。

〔七〕丹皮，又名『牡丹皮』，中药名，具有清热凉血、活血化瘀等功效。

〔八〕赤苓，赤茯苓的别名。赤茯苓，中药名，具有行水、利湿等功效。

〔九〕志远，据文义，疑为『远志』之误。远志，中药名，具有宁心安神、解毒消肿等功效。

〔一〇〕泽泻，中药名，具有利水渗湿、泄热等功效。

〔一一〕枸杞，或为枸杞子。枸杞子，中药名，具有滋补肝肾、益精明目等功效。

〔一二〕全，据文义，当作『痊』字。后同。

背后第三个骨节肺底穴

及拳打中九日，而引经之药：百部[一]一钱，紫金丹三服。

上气穴受伤

引经之药：沉香八分，肉桂四分，加煎药，内又用七厘散二分半，夺命丹三服。

正气穴伤

青皮一钱，乳香一钱二分，加煎药，内又用七厘散二分半，又用十三味加减煎方两帖，再用夺命丹三服全（痊）愈。

下气穴受伤

乳香一钱五分，广皮一钱五分，加煎药，内[用][二]七厘散二分半，又用夺命丹三服。

上血海受伤

郁金[三]一钱五分，寄奴一钱五分，加煎药，内用七厘散二分半，又用夺命丹三服全（痊）愈，加山羊血更妙。

〔一〕百部，中药名，具有润肺止咳、杀虫灭虱等功效。

〔二〕用，据上下文所补。

〔三〕郁金，中药名，具有活血止痛、行气解郁等功效。

正血海受伤

郁金一钱五分，寄奴一钱五分，加煎药，内用七厘散二分七厘，加十三味煎方两帖，夺命丹三服全（痊）愈。

下血海受伤

五灵脂一钱六分，妙（炒）蒲黄〔一〕一钱二分，加煎药，内用七厘散二分七厘，加十三味煎方两帖，夺命丹三服。

一计害三贤受伤

石菖蒲〔二〕一钱，只（枳）壳一钱五分，加煎药，内用七厘散三分，又用夺命丹三服。

黑羊（虎）〔三〕偷心受伤

肉桂一钱，丁香〔四〕七分，加煎药，内用七厘散三分，又用十三味煎药方两帖，夺命丹三服。

〔一〕妙蒲黄，据文义，似为『炒蒲黄』之误。炒蒲黄，蒲黄的炮制品。
〔二〕石菖蒲，中药名，具有开窍豁痰、醒神益智、化湿开胃等功效。
〔三〕羊，据上文，应为『虎』字之误。
〔四〕丁香，中药名，具有温中、降逆、暖肾等功效。

霍肺穴受伤

桔梗[一]八分，川贝〔母〕[二]一钱，加煎药，内用七厘散三分，又用夺命丹三服，第二服煎药，两帖全（痊）愈。

翻肚穴受伤

红豆蔻[三]一钱五分，木香一钱五分，加煎药，内用七厘散三分，夺命丹三服，加减十三味煎方两帖，紫金丹三四服。

气海穴受伤

桃仁一钱，玄胡索一钱，加煎药，内用七厘散二分七厘，夺命丹三四服。

丹田穴受伤

木通一钱，三稜（棱）一钱，七厘散三分七厘，再服加减十三味煎方两帖。

水分穴踢伤

蓬仁（术）[四]一钱，三稜（棱）一钱，七厘散二分七厘，再服加减十三味煎方两帖。

〔一〕桔梗，中药名，具有宣肺、利咽、祛痰等功效。

〔二〕母，据上下文所补。

〔三〕红豆蔻，中药名，具有温中燥湿、醒脾消食等功效。

〔四〕蓬仁，据文义，应为『蓬术』之误。

关元穴受伤

车前〔一〕一钱，青皮一钱，加煎药，内用七厘散二分七厘，夺命丹二三服。

气血门受伤

五加皮一钱，羌活一钱，七厘散二分七厘，用夺命丹三四服，再服七厘散。

血海门受伤

柴胡一钱，当归一钱二分，加煎药，用夺命丹三四服，再服七厘散二分半，可全（痊）〔愈〕〔二〕。

章门穴受伤

归尾一钱，苏木一钱，地鳖一钱，紫金丹三四服。

曲池穴伤

丹皮一钱，红花一钱五分，夺命丹三四服，煎药两帖。

血囊穴受伤

蒲黄一钱，韭子一钱，夺命丹三服，煎药两帖，再用药酒方。

〔一〕车前，疑为车前子。车前子，中药名，具有清热、利尿、明目等功效。

〔二〕愈，据上下文所补。

泥丸宫受伤

羌活一钱，苍耳子[一]一钱五分，夺命丹三四服。

百胸穴受伤

杜仲一钱，破故纸一钱，夺命丹三四服。

后气穴受伤

破故纸一钱，乌药一钱，地鳖紫金丹三四服。

肾经穴受伤

桃仁一钱，红花一钱，夺命丹三四服。

命门穴受伤

桃仁一钱，前胡一钱，夺命丹三四服。

海底穴受伤

大黄一钱，朴硝[二]一钱，夺命丹三四服，紫金丹三四服。

[一] 苍耳子，中药名，具有散风寒、通鼻窍、祛风湿等功效。

[二] 朴硝，中药名，具有泻热软坚、解毒消肿等功效。

鹤口穴〔一〕受伤

牛膝一钱，苡仁〔二〕一钱，紫金丹三四服。

涌泉穴受伤

木瓜〔三〕一钱，牛膝一钱，夺命丹三四服。

听耳穴受伤

川芎〔四〕一钱，细辛〔五〕一钱，夺命丹三四服。

接骨吊伤外敷药方

[illegible]〔六〕粉八两，山桃仁五钱，樟冰〔七〕三钱，射（麝）香五分，生大黄末三钱，赤芍五钱，用鸡蛋白烧酒调，敷患处。

〔一〕鹤口穴，即鹳口穴，又名『尾宫穴』，位于尾闾骨下两腿骨尽处中间。

〔二〕苡仁，即薏苡仁，具有利湿健脾、舒筋除痹、清热排脓等功效。

〔三〕木瓜，中药名，具有舒筋活络、和胃化湿等功效。

〔四〕川芎，中药名，具有活血行气、祛风止痛等功效。

〔五〕细辛，中药名，具有解表散寒、祛风止痛、温肺化饮等功效。

〔六〕[illegible]，此二字难以识别，待考。

〔七〕樟冰，疑为中药名，具体功效待考。

又吊伤外敷药方

樟冰三钱，生军〔一〕二钱，柏末〔二〕二钱，当归三钱，红花二钱，五加皮二钱，射（麝）香五分，乳香二钱，没药二钱，赤芍二钱，血蝎（竭）〔三〕二钱，酒药十丸。

右药共为细末，同糯米饭捣烂，烧酒和匀，涂敷患处外用。新棉花捆缚，盖暖为要，切勿见风，俟待数日，其伤自然吊出。

劳伤药酒方

生地五钱，当归六钱，红花二钱，杜仲五钱，故纸三钱，牛膝五钱，桃仁四钱，川断三钱，黄芪五钱，秦艽五钱，乌药五钱，麦冬〔四〕五钱，丹皮五钱，泽泻五钱，虎骨〔五〕五钱，只（枳）壳三钱，五加皮五钱，志肉〔六〕五钱，桂枝三钱，白茯苓〔七〕五钱，香附三钱，玄胡索四钱，枸杞五钱，

〔一〕生军，即大黄。
〔二〕柏末，疑为中药名，具体功效待考。
〔三〕蝎，据文义，应为『竭』字之误。
〔四〕麦冬，中药名，具有润肺养阴、益胃生津等功效。
〔五〕虎骨，中药名，具有追风定痛、健骨、镇惊等功效。
〔六〕志肉，疑为远志。
〔七〕白茯苓，疑为白土茯苓。白土茯苓，中药名，具有消热解毒的功效。

胡桃肉四钱，枣头〔一〕三两，白茄根〔二〕三两，用好生酒十斤煮三炷香，透退火七日再服。

接骨方

羌活八分，大黄一两，自然铜五钱【醋煅】，桂枝八分，雄小狗一两【即胎骨】，地龙〔三〕七两【去头足】，归尾一两，地虎〔四〕一两【即水□火酒炙】，土狗四十九个【酒炙】，血竭五钱，胎骨五钱，连翘〔五〕五分，乳香五钱【去油】，没药五钱【去油】，［骨］〔六〕碎补二两【炙干去皮尖】，白占〔七〕八两。

以上共为细末，须制道地，每服一钱五分，酒下。

〔一〕枣头，即发育枝，是由主芽萌发而成，构成枣树树冠的主要枝条。
〔二〕白茄根，疑为中药名，具体功效待考。
〔三〕地龙，中药名，具有息风、止痉等功效。
〔四〕地虎，似为抓地虎。抓地虎，中药名，具有清热解毒等功效。
〔五〕连翘，中药名，具有清热解毒、消肿散结、疏散风热等功效。
〔六〕骨，据上下文所补。后同。
〔七〕白占，又名『蜂蜡』，中药名，具有解毒、生肌、止血等功效。

二十四气药酒方

当归五钱，防风〔一〕二钱，甘松〔二〕三钱，川芎三钱，羌活三钱，甘草五钱，白芍三钱，枸杞五钱，虎骨五钱，熟地〔三〕五钱，秦艽二钱，苍术五钱，生地三钱，川断二钱，黄芪五钱，石斛〔四〕五钱，川乌〔五〕二钱五分，五加皮五钱，肉桂一钱五分，海桐皮〔六〕二钱，白鲜皮〔七〕五钱，没药一钱五分，射（麝）香一钱，杜仲四钱。右药廿四味，只咀片，遵法炮制道地，以夏布袋盛之，再用火酒八斤预先浸五日，隔水煮三炷香为度，起锅埋土内退火七日，每服一茶杯，卧半时，膏药透骨散。

牙皂〔八〕、毕拨（荜茇）〔九〕、肉桂、雄黄〔一〇〕、胡椒、射（麝）香共为细末。

〔一〕防风，中药名，具有祛风解表、止痉等功效。

〔二〕甘松，中药名，具有开郁醒脾、行气止痛等功效。

〔三〕熟地，即熟地黄，中药名，具有补血滋阴、养精填髓等功效。

〔四〕石斛，中药名，具有养胃生津、滋阴清热等功效。

〔五〕川乌，中药名，具有祛风除湿、温经止痛等功效。

〔六〕海桐皮，中药名，具有祛风除湿、舒筋通络等功效。

〔七〕白鲜皮，中药名，具有清热燥湿、祛风解毒等功效。

〔八〕牙皂，疑为猪牙皂。猪牙皂，中药名，具有祛痰止咳、开窍通闭等功效。

〔九〕毕拨，据文义，疑为『荜茇』之误。荜茇，中药名，具有温中散寒、下气止痛等功效。

〔一〇〕雄黄，中药名，具有解毒杀虫、燥湿祛痰等功效。

跌打末药方

大观铜钱五个【系古方醋煅】，红花五钱，当归四两【醋酒制】，乳香二两【去油净】，地鳖虫六个【酒醋炙】，肉桂一钱，没药二两【去油，醋酒制】，川（穿）山甲〔一〕五钱【炙研】，自然铜二两【醋煅】，血竭二两，苎麻〔二〕一子【烧灰存性】，蚕窠〔三〕十个【烧灰存性】，人参、三七〔四〕一钱。

以上各药遵制为末和匀，每服一二钱，陈酒送下，百法百中【奇方】。

跌打损伤断骼〔五〕外敷药

桑白皮〔六〕、推车客〔七〕、芭水虎【水中之虫，即水鳖〔八〕】、韮中蚯蚓、爬山虎【乃绕树之藤捣捕】、葱，各等分共捣烂，伤处先用鲜生姜一块擦毛孔后，将糯米饭和药同捣敷患处，用新棉花包好。

〔一〕川，据文义，当作『穿』字。穿山甲，中药名，具有活血通经、下乳、消痈等功效。
〔二〕苎麻，中药名，具有清热利尿、凉血安胎等功效。
〔三〕蚕窠，或为蚕蜕。蚕蜕，中药名，具有祛风止血、退翳明目等功效。
〔四〕三七，中药名，具有止血散瘀、消肿定痛等功效。
〔五〕骼，即髂骨。
〔六〕桑白皮，中药名，具有泻肺平喘、利水消肿等功效。
〔七〕推车客，又名『蜣螂』，中药名，具有破瘀、定惊、通便等功效。
〔八〕水鳖，中药名，具有清热利湿等功效。

检便神效伤方

远年屎砖内外俱黄者佳，将醋煅七次为度，研末每服三钱，好酒送下，盖暖出汗。

上部伤方

白芷一钱，血竭一钱，辛细八分，羌活二钱，青皮一钱，朱砂二钱，没药五分【去油】，生地二钱，虎骨一钱五分【醋炙】，稜（棱）麻[一]一钱，归尾一钱五分，［骨］碎补八分，郁金一钱五分，桂枝一钱，川芎一钱。

以上用好酒煎服，尽饮醉，临卧出汗。

中部伤方

生地二钱，白芷一钱，地鳖三个，五加皮一钱，川芎一钱，乳香五分【去油】，红花一钱，川断一钱，没药五分【去油】，血竭一钱，秦艽八分，甘草八分，用好酒煎服，盖暖出汗。

〔一〕稜麻，或为八稜麻。八稜麻，即陆英，中药名，具有舒筋活血、祛风除湿等功效。

下部伤方

五灵脂二钱，汉防风〔一〕二钱，木瓜一钱，南蛇〔二〕二钱，秦艽二钱，五加皮二钱，[骨]碎补一钱，脚樟〔三〕一钱，生地一钱，[自]然铜一钱【制】，归尾二钱，牛膝一钱，川莑（蓬）〔四〕一钱，赤芍八分，肉桂八分，杜仲八分，故纸八分。

如肿不消加稜（棱）麻，若脚不消，加牛膝、五加皮各二钱。

左边伤方

陈皮一钱，甘草五分，何首乌〔五〕八分，桃仁一钱，半夏〔六〕一钱，三稜（棱）八分，玉（郁）〔七〕金二钱，杏仁八分，赤苓一钱，莪术〔八〕八分，乳香五分【去油】，龙胆草〔九〕八分，玄胡〔一〇〕一钱，

〔一〕汉防风，中药名，具体功效待考。
〔二〕南蛇，或为南蛇藤。南蛇藤，中药名，具有祛风除湿、活血解毒等功效。
〔三〕脚樟，或为独脚樟。独脚樟，即檫树，具有祛风除湿、活血散瘀等功效。
〔四〕莑，据文义，当作『蓬』字。
〔五〕何首乌，中药名，具有养血滋阴、润肠通便、祛风、解毒等功效。
〔六〕半夏，中药名，具有燥湿化痰、降逆止呕、消痞散结等功效。
〔七〕玉，据文义，似为『郁』字之误。后同。
〔八〕莪术，中药名，具有行气破血、消积止痛等功效。
〔九〕龙胆草，即龙胆，中药名，具有清热燥湿、泻肝胆火等功效。
〔一〇〕玄胡，或为玄胡索。

灵脂一钱，没药五分【去油】，红花一钱，赤芍一钱，菟丝子[一]八分。

加小红枣三枚为引，好酒煎服。

右边伤方

苏木一钱，何首乌八分，姜黄一钱，红花一钱，玄胡一钱，蒲公英[二]五分，归尾一钱，玉（郁）金一钱，丹皮一钱，桃仁二钱，木香一钱，牛膝一钱，赤芍一钱，灵脂一钱，厚朴[三]一钱，甘草五分，香附二钱，龙骨一钱，活血丹八分。

加小红枣二枚为引，好酒煎服。

活筋骨腰胱疼痛药酒方

全当归[四]一两，牛膝六钱【盐水炒】，五加皮三钱，川芎五钱，川断一两【盐水炒】，独

[一] 菟丝子，中药名，具有补肾益精、养肝明目、止泻安胎等功效。
[二] 蒲公英，中药名，具有清热解毒、消痈散结等功效。
[三] 厚朴，中药名，具有行气导滞、燥湿、降逆平喘等功效。
[四] 全当归，即当归的全株，包含归头、归身、归尾。

活〔一〕五钱，桂枝四钱，制附子〔二〕二钱，防风五钱，灵脂四钱，真桔梗三钱【微炒】，右药剉（锉）〔三〕为咀片〔四〕，用火酒三斤煮一炷香，退火三日再饮，临卧时一杯，盖暖出汗。

一治跌打损伤周身用此方，若伤时，照伤添引。

血竭一钱五分，上肉桂一钱，生地黄一钱五分，真琥珀〔五〕一钱五分，滴乳香二钱，香白芷〔六〕一钱，宁仙儿二钱，明没药二钱，寄奴草一钱，归尾一钱，川景〔七〕一钱五分，只（枳）壳一钱，青木香一钱五分，活血丹一钱五分，紫荆皮〔八〕一钱五分，台乌药〔九〕二钱，若伤身上胸前，用此十六味分作两剂，饮酒者用酒二斤以煎出药性，再用冷酒[illegible]〔一〇〕对于吃，一日一剂。复渣再煎，身上一两可愈，重者再服两剂。

〔一〕独活，中药名，具有祛风除湿、通痹止痛等功效。

〔二〕制附子，中药名，具体功效待考。

〔三〕剉，据文义，当作『锉』字。

〔四〕咀片，指经过加工处理，制成片、丝、块、段状，便于煎服的药材。

〔五〕琥珀，中药名，具有镇惊安神、散瘀止血等功效。

〔六〕香白芷，即白芷，中药名，具有祛风除湿、通窍止痛、消肿排脓等功效。

〔七〕川景，疑为中药名，具体功效待考。

〔八〕紫荆皮，中药名，具有活血、解毒、通淋等功效。

〔九〕台乌药，或为乌药。乌药，中药名，具有行气止痛、温肾散寒等功效。

〔一〇〕[illegible]，此字难以识别，待考。

引经之药于后

伤头，加防风一钱五分，羌活一钱，藁本[一]一钱五分。

伤胃呕吐，加藿香[二]一钱，砂仁一钱五分，查肉[三]一钱五分。

伤腹肚大便不通，加生军一钱五分，黑丑[四]二钱五分，桃仁三钱。

伤小腹小便不通，加木通二钱，车前三钱，赤苓一钱五分。

伤两胁，加胆草[五]三钱，茜草[六]三钱。

伤背上，加秦艽三钱，青皮二钱，香附末一钱，生研。

伤腰上，加故纸二钱，杜仲一钱二分，川断一钱五分。

伤两手，加桂枝一钱，羌活一钱，此二味春冬时用一钱五分，夏秋时用八分。

伤两足，加牛膝一钱，五加皮五分，木通一钱五分。

〔一〕藁本，中药名，具有发表散寒、除湿止痛等功效。

〔二〕藿香，中药名，具有祛风散寒、祛湿发汗及抗菌等功效。

〔三〕查肉，疑为山楂肉。

〔四〕黑丑，即牵牛子，中药名，具有利水、杀虫、消积等功效。

〔五〕胆草，疑为龙胆草。

〔六〕茜草，中药名，具有凉血止血、活血化瘀等功效。

伤两肋，加白菊〔一〕一钱五分，蔓荆子〔二〕一钱，白蒺藜〔三〕一钱。

将前十六味共为细末，照汤头用，无不应验。

张孔昭先生跌打方

归身〔四〕一钱，五加皮八分，丹参〔五〕六分，杜仲八分，续断八分，紫荆皮八分，秦艽八分，功劳八分，生地一钱，牛膝一钱，乌药三分，苡仁一钱，川芎四分，羌活八分，白芍六分，红花三分，虎骨一钱二分【酒炙】，官桂〔六〕四分。

外加核桃肉、枣肉、桂元（圆）〔七〕肉，陈酒煎服。

〔一〕白菊，中药名，具有清肝明目、清热解毒等功效。

〔二〕蔓荆子，中药名，具有疏风散热等功效。

〔三〕白蒺藜，即刺蒺藜，中药名，具有平肝、解郁、祛风、明目等功效。

〔四〕归身，即当归的主身。

〔五〕丹参，中药名，具有祛瘀止痛、活血通经、清心除烦等功效。

〔六〕官桂，或为肉桂。

〔七〕元，据文义，应为『圆』字之误。

种子大力方

沙苑蒺藜〔一〕一分【去刺炒】，鱼膘（鳔）〔二〕一分【切片哈粉炒】，白蒺藜一分【去刺炒】，淮牛膝一分【炒】，香甜瓜子一分【炒】，共为细末，炼蜜为丸，如圆眼子大，每服一丸，早晚两次，陈酒送下。

种子方妇人所用

益母膏八两，川芎二两，当归二两，大熟地二两，赤芍二两，广木香一两。

右药为末，即以方中益母膏捣和为丸，如桐子大，每服五十粒，陈酒送下，百日后自有育麟之兆。

上部跌打损伤方

川芎三钱，川乌五钱，续断五钱，桂枝五钱，香附五钱，草乌〔三〕二钱，五加皮五钱，藁本三钱，细辛四钱，防风四钱，秦艽四钱，白芷四钱，灵仙〔四〕五钱，用生酒二十斤，引茅草根一两。

〔一〕沙苑蒺藜，即沙苑子，中药名，具有益肝明目、补肾固精等功效。

〔二〕膘，据文义，疑为『鳔』字之误。鱼鳔，中药名，具有补肾、养血、止血、消肿等功效。

〔三〕草乌，中药名，具有祛风除湿、温经止痛等功效。

〔四〕灵仙，即威灵仙。

中部跌打损伤方

防风三钱，当归五钱，川乌三钱，杜仲五钱，乌药五钱，柴胡三钱，草乌二钱，故纸四钱，丹皮四钱，厚朴五钱，加茅草根〔一〕二两，用生酒二十斤注。

下部跌打损伤方

川牛膝五钱，青木香五钱，川乌五钱，当归五钱，防已〔二〕八钱，草斛五钱，草乌二钱，红花四钱，荆皮四钱，苡仁八钱，菖蒲〔三〕三钱，丹参五钱，桂枝五钱，引加功劳根〔四〕二两，生酒二十[斤]〔五〕注。

遍身上下全用方

防风三钱，秦艽三钱，红花四钱，羌活二钱，茜根五钱，续断五钱，独活五钱，五加皮五钱，桃仁五钱，灵仙五钱，丹参五钱，归尾五钱，川乌二钱，草乌一钱，乳香五钱，没药五钱，加壁䦨〔六〕草八分。

〔一〕茅草根，即白茅根，中药名，具有凉血止血、清热生津等功效。
〔二〕防已，中药名，具有祛风止痛、利水消肿等功效。
〔三〕菖蒲，即石菖蒲。
〔四〕功劳根，中药名，具有补肝肾、凉血祛风等功效。
〔五〕斤，据上下文所补。
〔六〕䦨，此字难以识别，待考。

头上方

蔓荆子三钱，细辛二钱，茅草根三钱，白芷三钱，藁本三钱，川芎□□。

□上方

桂枝三钱，木通三钱，骨碎补、川芎五钱，桃柴根〔一〕三钱。

胸前方

乌药三钱，青皮三钱，青木香三钱，枳壳三钱，桔根（梗）〔二〕、香附三钱，金锁匙草〔三〕三钱。

心前方

厚朴三钱，砂仁二钱，石连（莲）肉草〔四〕五钱。

腰上方〔五〕

〔一〕桃柴根，或为桃根。桃根，中药名，具有清热利湿、活血止痛等功效。

〔二〕根，据文义，应为『梗』字之误。

〔三〕金锁匙草，疑为中药名，具体功效待考。

〔四〕连，据文义，应为『莲』字之误。石莲肉草，疑为石莲子。石莲子，中药名，具有清热利湿、开胃进食等功效。

〔五〕此方仅有标题，无内容。

秀拳拳谱

提要

秀拳拳谱，一册，武术征集活动『三献』申报表中注明其为清光绪二年（一八七六）抄本，共一百零二页，无抄录者姓名，其书体或行或楷。此谱于一九八六年初由河南省民权县的张增绪捐献，现藏于中国武术研究院，院藏编号为G852.19-51。

此谱的内容可分为四部分。第一部分记述了秀拳渊源。据记载，在『少陵（林）寺和尚法清传教翟经』后，翟经（后文写作『翟警』）到过十三省以武会友，结果『各省教师皆不占』，鲜有对手，其后将技艺聚化成十三势『起名往下传』，又有二十四势拳法流传。此部分除拳法与练功要诀外，还提及了民间收徒原则等。第二部分为秀拳拳法的招式图示，以『右跨股』起势，共一百二十六幅单人图示，部分招式有图示无文字，部分则有文字而无图示。第三部分为双人对练的招式图示，共十三幅，其拳理记载较为翔实。第四部分为纯拳理拳诀记述，大多为韵文，或七言，或五言，朗朗上口。因首页末的『走路带』与下页文字难以衔接，且末页最后的『一身』后无文字，故此谱缺页，应为残本。

需要指出的是，此谱大量使用中原方言用字，如『白把蒸酒喝』的『白』，『周身练里和』的『和』，『各省教师都不占』的『不占』等；多处使用同音借用字，如『君拳』『谢刑』等。另外，谱中个别字字迹潦草，无法识别。

秀拳拳谱影印

卲林和尚把教傳勸說弟子在心間要傳、那賢孝
子莫要傳那丨忤逆男父母面前他不孝師徒情腸馬
孝賢若要不準仙師語十三軍拳傳叫他滅師
忘本後悔难若要準乎了仙师語忤逆短獨不可
傳贤孝君子來学藝林師受教學秀拳五陽五
陰傳与他两个拳套都傳完見天打過三十正無
冬無夏打一年用功力氣勇百病不能生周身揀
裏和屋裏才去完拳當院聽不着手掌分四節
下元三節和完拳挂贄子腿帶二斤多閉住[illegible]房中
筆白肥蒸、酒喝蒸、酒敗氣血用功大不合走路帶

左右纏手最為先变化一和逃
去难十指揭地頂攔天三肩
四照礼當先扭擰吸呼把
把門関傳打趁進當中充靠
焉五百不為止出手疾速
逃去难兩膝千力似海梁
沾边出手把人傷

左右纏手去的疾鉤掛出，
手逃的稀
也頂攔
天大步乜
泚滑

西劍斬東斗金剛殿上走手使　南斗共北斗老君殿上走手

桃木刀法氣吹三口三口吹起去　使斬仙劍法氣吹三口三口吹起

变化十二口百步能傷人五里也去仙鶴空中走騏坐煉仙丹变

雅走喊謹一聲叫人頭滾着鈎五化四十九南斗六星北斗七星吾

奉金剛太帝速令　奉太上老君急急如律令

用驢皮二章戳仙鶴

上用硃砂

塗

三三决　用南東南一股

桃木刀三口各刀四寸長

一口变四口变化十二口

三咒　一夕五遍共十五遍不見人處念咒一氣一遍

太上令君自敕部　卜令護體防身

少林佛家把教傳、勸說弟子在心間、父母面前你行孝、說話
莫當耳旁言。父母生養恩情重。行孝報恩、如敬天四鄉古正
你為首林師受教學兵拳。林師受教你学武。你待師傅可
長遠。師傅付如父子、說話在心間、若要不違佛、法語。用功完、
錘是枉然。若要準手了佛法語。兵法武藝傳与你、天下訪
友稱英賢。完錘隨身寶寶完、好天下謠、用功力氣勇、百
病不能生周身棟裏活、能活九十多、閉了五昏口、佛家
來纏手、佛家來、点化、亡過天橋走上橋入佛門百罪離
了身、佛門稱弟子、林佛只、一尊想得還陽轉、佛家降
揲文、行到陰曹府、藏玉待書沉孝弟待師長喜動地藏

玉藏玉喜在心梳開地獄門户，請五阎王君。罩下生死譜，送你五衙朝門。轉世天官府，富貴不離身，还是孝常娣，不要短毒人

順治元年二月、初八日聚化錘補

少陵寺和尚法清傳教翟經愚正其天邵林和尚把拳傳召林佛家來点化天下訪友逞英賢天下訪過十二省各省教師皆不占天下聚化十二勢起名往下傳十三君權在裡边鬆肩下氣全都有扭撙吸呼把門閉靠打服君硬腳手疾左右沾边跳的稀搶掌虚實最難遭廿四勢最為高二人靠打遇虎豹少陵傳錘最奥妙靠打盤手逞英豪左右上下中為主扭撙吸呼全在腰扭撙吸呼生变化々掌出手生的疾靠打三年上芦席上芦席把門閉乱手盤打坐中元輕如鵞毛重如

如山。五行只在手裏边。陰陽虛實遂手變。扭擰吸
呼才禮當先扭擰吸呼生變化化身一和似風懸
坐住七星手。四面僅你走。一能生萬萬能归一變化
無窮

右跨股

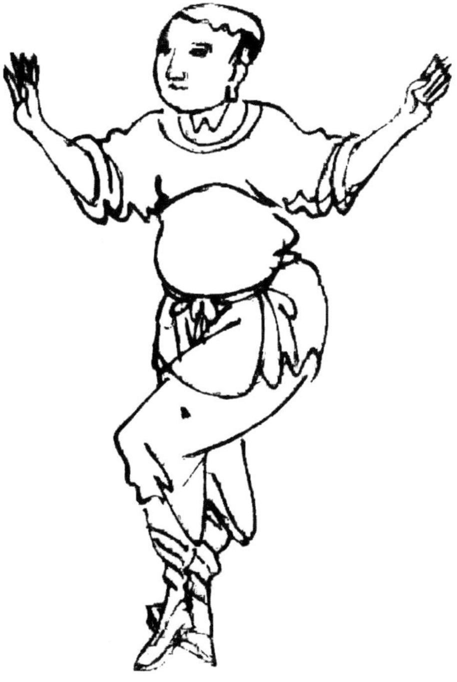

左跨膝

順升边

要步丹边

右斜行

左谢行

右摇肘

左搖肘

两足站齊頂挺天三肩四照理當先鬆肩下氣全都有腰胯掙和是根源朝陽手炮把盡站

上五陽

两手不懷把門閃一路佛按在裏边

下五陰

到步变陰坐中元陰陽变化他為到步变陰坐中元胎陽一炮氣中懸
先。

两手七星把門関一路佛拨在背上步金剛往上翻边

到步候捶是丹边

要步逃

上步金崗往上翻

巧女䟽跹蜀腿站。飛手一捲在理边。外摺連。

陰陽虛實把光點

上步先生去支路

左膀謝刑把振跕

後邊

十指把手把門関。

上步要步是丹邊

收步丹邊坐中元

右膀謝刑全中元二紅一拳在理边

上步鎗掌把門閂

陰陽跨股分左右

左右鈎流把身盤

八卦之主他爲先

左右釣流把盡跕
左右丹根把身盤
一路線掌在理边

上步進根把振跕
一路線掌在理边

進而起把腿盤

上步兩手把門関

分心一掌坐中元

剑步把振赶

三个

左右擦手是正陽〻化西陽掌打迎面三脚把腿盤

人不犯想

高墜把人傷落燕内中藏

提溜腿

將最為強

到步
元二鬼剔門在之

鎗掌使理先变。化是振山

西陽掌死里先左。右沾邊逃走難。

變化

進步四掌把振跕

是振山

退步四掌把身盤。孤樹盤根僅跟連。孤樹盤根分左右

雙二起把腿盤

雙二起把腿盤

左膀謝刑把振趕

分心一掌坐丁死

十脂揲（扯）手把門関

陰陽変化是振山

謝刑全中元二紅一拳左膀在裏边

巧女跳月粧獨腿站飛手一拳在裏边

左右七星把門閂大紅一路氣

中拳

兩手七星把门閂

梳粧腿把门関陰陽跨股跳　陰陽變化是振山
去难八卦之主他為先

右膀謝刑全中一元
二紅一捲在裏边

冷等飛上天

僂而起把腿盤腳撈（拎）金竹到捲簾

十指把手把门関

到步丹揽把振跕

迎面脚

满建

迎面三脚把腿盘

左右端情使力先[illegible]逞

出手把人復

十指扌手把門渕
迎面三脚把腿盤

雙而起把腿盤右腿旋風打的
元

左膀謝刑把盡趁

单鞭

左右揞手门把関

左右此跌死里先

到步丢手獨腿站上步盤肘
坐中元

梅花括捶獨腿站

两手七星把門関

陰陽跨股分左右

左右雙棖把振跕一路線掌在裏迎

右膀謝行把振趕

左右合手把門関一路自捶在裏边

梅花括錘把門関

你走

坐住七星手四面隨

左右丢手獨腿站

丢鎈把振赶

打虎一势把振跕

金崗倒碓行下元

夜踏覌海把身盤

黑虎搯心死的先

邀步丹鞭把振跕

上步丹攏把振起

到步衮身行下元撲地鷄在下也

陰陽變化是振山

隨身起坐中元

謝行錘

摇山獨腿站

扫当护耳把門開
身逃去难
先人掛化使力鲜沾

雙而起把腿盤

两手闲门把门关

左膀謝行把盡站

手膊一鈎把脹步

摇山獨腿站

隨身起是丹鞭

先人掛畫行滿天

左右摇山獨腿站

三个摇山獨腿站

邀步丹鞭死里先

父子拱手把振跕

打虎一势在裏边

隻而起把腿盤

燕子回頭往裏鎖沾住手膊

逃去难

刹步打虎一勢僅跟連

上步丹攬把振站

右腿旋脚打里凫元撲地鸡
左下边

左右擒手逃走难

上步跨股分左右

陰陽变化是振山

右膀謝行把振趕

進而起把腿盤左膀謝行把振跕

十指脚去揥蘭

十脂把手把门関

先人掛畫行滿天

右膀謝行全中元

上步盘肘坐中元

左右两膀把振踏大红一路在裹边

陰陽跨股分左右

陽跨一路分左右

左膀謝行把振趕

右膀謝刑把振站

修步丹鞭

修步丹鞭秀錘完十三君拳
在裏边

坐中光十三君拳在裏边用拔力氣勇百病不能生周身鍊里和

十指摳地頂搵天鬆肩下氣
禮當先扭擰吸呼把門渕
一路炮錘最為強身外丢
手把人傷順手一炮分左右
摘心一炮内中藏捶手一炮
打海梁分心一炮坐中堂五炮
帰一是朝陽喊嗟撲門把人
傷陰陽虛實分左右扭擰
吸呼坐中堂坐住中堂炮手沾
辿你难走一能生萬〻能归一变

化无穷

炮锤之主

一路佛按最難遭兩手開門
懷中抱佛家傳錘最奥妙百
錘入身一旦消百錘入身生
变化〻掌出手生的悪把〻
帶錘生跟着脚〻手出的疾
沾佛滚打逃的稀軟如綿花
硬（硬）如丁直來正去定輸贏把〻
帶錘〻〻帶把变化无窮

佛按錘之主

猴錘之主是單边三肩四
照礼當先鬆肩下氣全都
有扭摔吸呼把門閔不封不
顾不沾不連直來正去坐在
中元搶掌出手最為强陰
陽虛實犯人傷陰陽虛实
夯左右扭摔吸呼坐中堂坐
中〻（往）堂手四面僅你走一能生
萬〻能生（归）一〻变化無穷

猴錘之主

金鋼倒碓往下卻沾住脚面走不脫上打通天炮脇列一炮僅跟着左右提炮身裡使穿心一炮最难躲五炮帰一是正陽沾边洪滑把人傷陰陽虛实分左右扭撺吸呼坐中堂坐住中堂手四面僅你走一能生萬〻能归一变化各穷

金刚鏈之主

巧女梳粧最為先鶴站冰
淩把眼簽先簽二目童人敬
金翅鯉魚有命难陰陽虚
實人把光點點燕子回頭
在裡边燕子回頭生变化
化身一和似風懸坐住七星
手沾边你难走一能生萬
〻能归一変化無穷

飛手錘〻主

左右單根最為先線掌出
手坐中元輕如鵝毛重如
山陰陽虛实在裡边陰陽
分（虛一实）左右生变化〻身一和似
灯懸沾手欺打分左右沾手
滚打逃去难沾手提打身
裏使沾手捶打上下翻睛
打不顾坐中元硬軟虛〻实〻
在裡边坐住中元手四面僅
作一能生萬〻能也
小陽掌之主

自錘出手最為惡金鈎獨
立都帶脚左右使合手内
藏飛仙脚上打近面掌
獨手僅跟着燕子來回
頭經鴒把嗉挪絟鴒去挪
嗉沾边走不脱周身煉氣
分吸呼都煉活周身把氣
煉沾边打不着坐住七星
手四面你难走一能生無々能
怕一々手变化多端
自錘々々主

左右搭手是正陽裹子提藍内中藏之化西陽掌打人不犯想掌化把門閃騎馬一縱打飛仙陰毒撩掌在下边左右提掌身裡使左右順掌礼當先分身一掌最為要出手沾边走不脱摘心一掌僅跟着一掌分八掌八八六十四掌变化无穷

西陽掌之主

二紅一路最為勦不封不顾
把人傷。左右卸行内中藏陰陽
泚滑全奇有。沾隨鈎帶雉
鄉藏两手七星把門闵沾
隨滚打坐中元。左右上下中
為主陰陽虚实在裡边
陰陽把鎚化々身一和似風懸。
打的硬变的軟撲地衿在下
边下边原是蒙地鍛先闭下
盤脚閉了脚合手沾边你
雉走一能生萬々能归一变似
泉穷

二工筆々之王

大紅一路最為强出手先
打四門掌提留一步分左右
扭擰吸呼把人傷下打滚
肚紅上打迎面掌左右
是捧手沾边最為難防
軟者欺打硬者偷打柔
不硬不軟隨手就打必
成功矣

大紅錘之主

八卦、路是金陽長跨沾边把
人傷，餓虎掐心脇列陰陽
跨分左右扭擰吸呼坐中
堂扭擰吸呼生变化、、身
一和似燈光坐住中元手
沾边跨你雄走進步開門跨跨
退步闭门跨手下陰跨手
上陽跨隹來隹跨变
似為、、為 念
錘
八卦錘、、主

梅花裏錘撲叫門左右膀尖仔細存左手一動閃開右手一動闪開门黑虎掏心往前進吸呼扭擰把錘破三分陰陽定住身三分陰陽把錘化化錘一出擦閉門沾連泚滑不身坐住泚滑手沾边你难走一能生萬萬能歸一變化

梅花錘之走

打虎一势最为恶。左右搖山都带胯内有寿星腿。僅跟分心脚湘子踢藍僅跟着左右是擒手沾边走不脱内有千斤缀五官都封着身裡使盘肘沾边最难躲坐住七星手。四面僅你走々一能生萬々能归一变化無窮

飛虎鏈之述

治化繡錘最為先非打靠手都不沾靠打眼應脚手疾左右
沾邊逃的稀周身鍊和一身打不着身和如燈火入身走不脫沾
連泚滑最難遭二十四勢最為高二人靠打如虎豹梳粧腿把門
閑兩手抱懷難進前進步使掌把進碾帖住下元逃走难退步
肆掌把身盤擒手過勢使的先鮮搭住左手難動彈左右搏遂
打膊尖二鬼把門都破完挑都紅占中元先打身裏走身
外手上手下逃走难廿六上四步把進碾陰陽變化十六拳左右占
伏把門閃上下左右难進前提溜一步分左右左右把門閃鈎掛
切懇难中進前周身鍊的和入身打不着身活如燈火入身走不脫
先生子路咽喉點左手一拔傳中元輭肋一炮難進前翻爾扒子

扇的活腰眼擰活打不着。金剛搗碓往下掛，沾住脚面走不
脱。內藏迎面脚，二鬼拔门都能破。側身一跑往上翻。鈎掛七手
打五官。二鬼拔门都破完。分身一炮進中元。左右鈎[illegible]摟把
門。閃左右謝行難進前。單風貫耳使的活腰眼擰和打不着
招揚一炮最為惡。錘打應脇走不脱。鈎掛提打都能破。單
風貫耳使的鮮。沾隨鈎掛五官。二鬼拔門都破完。分心掌進
中元。左右合手把一閃一手。合聚兩隻拳。壽星腿去剔，攔踢
住合手难進。前陰陽跨股最為先。拈住下元。逃去走难。陰陽
跨股使的提拈住着胯骨。逃的稀要不逃，拴中元兩手提决
雨灬點底上四步都打完。撩襠一脚提的鮮。互膝一脚，懷下元

分心一脚進中元武教君子逃走難鬼拉鑽靠身活倒步
打肘身外多擦肋一炮緊跟着鉤掛擠隨使裏先踢膝三脚
都破完左右擒手最為惡踢住下連走不脫左左盤緊肘
緊跟着踢住下元最难破操揉打五官多内藏分心脚白鵝
亮翅擔裏和怯閃騰挪身外多兩手碍不着擠去分心脚
小陽掌進中元先打身裏走不身外手上手下逃走难单
手闲變拳四面难進前提搯一步分左右左右擺門閃鉤掛
且思難進前周身鍊的活入身打不着身活如燈火入身走
不脫一路自錘最為惡錘打遠列走不脫先打身裏走身
外手上手下最难破单風貫耳緊跟着變二起最為先踢

住手肘難進前分心一脚進中原勿教君子逃走難梅花一
錘最為奇喊咤一聲逃裡稀三步三錘把進趕勿教君子逃走走
難父子拱手擺門閃上下左右难進前周身鍊裡和柚手打
不着内藏左右脚分心一脚最难破鉤掛擺门関踢膛三脚
都破完毫跕冰淩二月點先生摘茄在下原雙風貫耳使裡裡
鮮一个雙撑都破完孤手盤根分左右寿星腿去踢闌左踢
遠列難進前分心一脚進中原勿教君子逃走难倒步一縮
擺門閃搏隨三脚都破完上步一掌進中原身外遥山打五
官磨步一縮破摇山遠列一炮难進前鉤掛四掌擺進赶倒步
四掌擺身盤二人靠打如河鍊靠打盤手稱英賢反河靠打

瞿鑿言余訪滿天聚化一袖十三拳十三君拳歸
余揀靠打盤手稱英賢左右上下中為主陰陽虛实
在裏边靠打朖（應）胠手疾左右沾边逃的帝鎗掌虛
實最难捍歸揀靠打如虎豹炮拳一路最為強
身外順手把人傷順手如炮分左右側心一炮内中
藏捶手一炮打海梁分心一炮坐中堂五炮歸一是朝
陽喊咤撲門打鼻梁捶列一炮軟列藏穿心一炮坐
中堂九功八卦是（似）朝陽喊咤（撲门）把人傷陰陽虛实分左
右扭捶吸呼坐中堂坐住中炮手沾边俑难走進
手出手最為強〃沾迫隨鈎帶破朝陽倒步回

把門関二鬼揆門在裏边閉住五化炮上下左右
难進前從此是门咔你進〻又不占周身棟裏
和一身打不着身落外陰水一身走了脱

一路扶按最為惡把、帶捶跟着脚、手出裏疾沾扶滚打
逃裡希軟如綿花勁如釘直來正去定輸贏左右截打身裏
使左右捶打坐中平把、帶錘最為先勁攘虛實在裏
边坐住陰盛大閉住扶按脚上使鬼閃把、碍不着
周身揀裏和一身打不着疾步望前進一身走不
脱

單鞭出手最為先不封不顧進中原不沾不連
入空走武教君子逃走难鎗掌出手最為强陰陽虛
實把人傷陰陽虛實分左右扭捽吸呼坐中堂坐去

鏟掌手沾边你難走進手摇門閃閉住猴捶使單
鞭上下左右不能過倒步变化坐中原縱然頭门
教倆進〻迯不占周身揀裏和一身走不脱

金鋼搗碓望下摧沾住脚面走不脱上打通天炮
挿列一炮緊跟着穿心炮最難躲五炮帰一是正
陽沾边汎滑把人傷白鵝掠翅扇裏和歉闪騰那身
外每單風貫耳緊跟着内藏分心脚站冰棱魚鈎
挂遷眼窠先遷二目幢人散落得兩眼看不着燕子回
頭緊跟着進手把门関一手閉住飛手拳閉住仙

鶴嘴不能把眼遷四門難進前列步坐中原縱然頭
門難叫你進〻來也不占周身揀裏和一身打不着
身和燈火一身走不脫

小陽掌最為先線掌出手占中原輕如鵝毛重如山
陰陽虛實在裏边沾隨期打分左右沾隨滾打逃去
难左右截打身裏使左右揮打隨手翻勁勳虛實在
裏边左右沾扶把门閿上下左右难進前提留一步分
左右左右把门閿沾着手肘進你不能進退你逃去难陰
陽緊跟連周身揀得和一身打不着身活如燈火一身

秀拳拳谱校释

秀拳拳谱

邵（少）林〔一〕和尚把教传，劝说弟子在心间。

要传传那贤孝子，莫要传那忤逆男。

父母面前他不孝，师徒情肠焉孝贤。

若要不准仙师语，十三军拳传与他，灭师忘本后悔难；

若要准了仙师语，忤逆短独（毒）〔二〕不可传。

贤孝君子来学艺，林师受教学秀拳。

五阳五阴传与他，两个拳套都传完。

见天打过三十正（整）〔三〕，无冬无夏打一年。

用功力气勇，百病不能生。

〔一〕邵林，即『少林』。清代拳谱中常将少林写作『邵林』『少陵』或『邵陵』。后同。

〔二〕短独，据文义，似为『短毒』之误。短毒，中原官话，意思为狠毒而眼光短小。（许宝华、宫田一郎主编汉语方言大词典（全五卷），中华书局，一九九九，第六一六八页。）

〔三〕正，古文中通『整』字。打过三十整，即练拳三十遍。

周身拣（练）〔一〕里和〔二〕，屋里去完拳。
当院听不着，手掌分四节。
下元三节和，完拳挂赘子。
腿带二斤多，闭住房中事。
白〔三〕把蒸酒〔四〕喝，蒸酒败气血，用功大不合。
走路带。〔五〕

左右缠手最为先，变化一和逃去难。
十指挝（抓）〔六〕地顶碰天，三肩四照礼当先。

〔一〕拣，『揀』字的简化字，有挑选、选择、拾取、清理之意。然此处为『拣』字，原句难以理解。根据清代俗字偏旁混用现象，此处可能为『楝』字，与『练』字同音，故此处应为『练』字。后同。

〔二〕和，发音在中原官话中与『活』字相同，后文有『周身练里活，能活九十多』等语，『和』『活』混用，为保持原貌，不作改动。

〔三〕白，副词，中原官话，有不要之意，流行于河南商丘、开封、通许等地。（许宝华、宫田一郎主编汉语方言大词典（全五卷），第一三八二页。）

〔四〕蒸酒，中原官话，指白酒。（同上书，第六四三一页。）

〔五〕经辨认，后一页应是前一页墨迹透过纸面在背页形成的字样。

〔六〕挝，据文义，当作『抓』字。后同。（汉语大字典编辑委员会编纂汉语大字典：九卷本，四川辞书出版社，二〇一〇，第二〇六一至二〇六二页。）

扭拧吸呼把门关，传打趁进坐中元。
靠传五百下为止，出手疾速逃去难。
两膀千力似海梁，沾边出手把人伤。

左右缠手去的疾，钩挂出手逃的稀。
□□□□也顶碰，天大步□□□□。[一]

西剑斩东斗，金刚殿上走。
手使桃木刀，法气吹三口。
三口吹起去，变化十二口。
百步能伤人，五里也难走。
喊谨一声叫，人头滚着钓（掉）[二]。
五（吾）[三]奉金刚太（大）[四]帝速令。

〔一〕此段在该页的下半部分，中间用横线隔开，但缺失文字较多。
〔二〕钓，据文义，应为『掉』字之误。后同。
〔三〕五，据文义，应为『吾』字之误。
〔四〕太，据文义，应为『大』字之误。

【上用朱砂涂】

【三三诀　　用东南一股】

桃木刀三口，各刀四寸长。

一口变四口，变化十二口。

三咒【一夕五遍，共十五遍，不见人处念咒，一气一遍】

【大命治国安邦，小命护体防身】

南斗共北斗，老君殿上走。

手使斩仙剑，法气吹三口。

三口吹起去，仙鹤空中走。

骐坐炼仙丹，变化四十九。

南斗六星，北斗七星。

吾奉太上老君急急如律令。

【用驴皮二章（张）〔一〕，裁成仙鹤】

少林佛家把教传，劝说弟子在心间。
父母面前你行孝，说话莫当耳旁言。
父母生养恩情重，行孝报恩如敬天。
四乡方正你为首，林师受教学兵拳。
林师受教你学武，你待师傅可长远。
师付（傅）〔二〕如父子，说话在心间。
若要不遵佛法语，用功完（玩）〔三〕锤是枉然；
若要准了佛法语，兵法武艺传与你，天下访友称英贤。
完（玩）锤随身宝，完（玩）好天下谣（游）〔四〕。
用功力气勇，百病不能生。

〔一〕章，据文义，应为『张』字之误。
〔二〕付，据文义，应为『傅』字之误。后同。
〔三〕完，据文义，应为『玩』字之误。后同。玩锤，有练拳之意。
〔四〕谣，据文义，似为『游』字之误。

周身拣（练）里活，能活九十多。
闭了五昏（荤）〔一〕口，佛家来缠手。
佛家来点化，亡过天桥走。
上桥入佛门，百罪离了身。
佛门称弟子，林佛只一尊。
想得还阳转，佛家发牒文。
行到阴曹府，臧玉（藏王）〔二〕待书沉。
孝弟待师长，喜动地臧玉（藏王）。
臧玉（藏王）喜在心，梳开地狱门。
可请五闫（阎）〔三〕君，罩下生死谱，送你五朝门。
转世天官府，富贵不离身。
还是孝常孙，不要短毒人。

〔一〕昏，据文义，应为『荤』字之误。
〔二〕臧玉，据上下文，应为『藏王』之误。后同。藏王，实为地藏王，即佛教四大菩萨之一。
〔三〕闫，据文义，当作『阎』字。

顺治元年二月初八日聚化锤补（谱）〔一〕

少陵（林）寺和尚法清传教翟经愚正其天，邵（少）林和尚把教传。

召（少）〔二〕林佛家来点化，天下访友逞英贤。

天下访过十三省，各省教师皆不占〔三〕。

天下聚化十三势，起名往下传，十三君权（拳）〔四〕在里边。

松肩下气全都有，扭拧吸呼把门关。

靠打眼硬脚手疾，左右沾边逃的稀。

抢掌〔五〕虚实最难遭，廿四势最为高。

二人靠打遇虎豹，少陵（林）传锤最奥妙，靠打盘手逞英豪。

左右上下中为主，扭拧吸呼全在腰。

扭拧吸呼生变化，化掌出手生的疾，靠打三年上芦席。

〔一〕补，据文义，或为『谱』字之误。

〔二〕召，据文义，应为『少』字之误。

〔三〕不占，据文义，应为中原官话『不沾板』『不沾弦』的简称，意思为『不行』。后同，不再逐一注出。（许宝华、宫田一郎主编汉语方言大词典（全五卷），第六三三三页。）

〔四〕权，据文义，应为『拳』字之误。

〔五〕后文有『枪掌』，这种汉字混用的现象有多处，为保持原貌，不作改动。

上芦席，把门关，乱手盘打坐中元。
轻如鹅毛重如〈如〉[一]山，五行只在手里边。
阴阳虚实遂（随）[二]手变，扭拧吸呼礼当先。
扭拧吸呼生变化，化身一和似风悬。
坐住七星手，四面仅（尽）[三]你走。
一能生万，万能归一，变化无穷。

右跨股。

左跨股。

[一] 如，据文义，应为衍文。
[二] 遂，据文义，应为『随』字之误。
[三] 仅，据文义，应为『尽』字之误。后同。

顺丹（单）边〔一〕。

要（跃）〔二〕步丹（单）边。

右谢（斜）〔三〕行。

〔一〕丹，据文义，当作『单』字。后同。『单边』今多写为『单鞭』，此谱中存在『边』『鞭』二字混用的情况，均保持原貌。

〔二〕要，据文义，应为『跃』字之误。后同。『跃』在中原官话中读为『要』。

〔三〕谢，据文义，疑为『斜』字之误。后同。

左谢（斜）行。

右揺肘。

左揺肘。

上五阳：两足站齐顶碰天，三肩四照理当先。【松肩下气全都有，腰眼拧和是根源。朝阳手炮把尽跕〔一〕】

下五阴：两手不怀把门关，一路佛按在里边。

到步变阴坐中元，阴阳变化他为先。〔二〕

到步变阴坐中元。【昭阳一炮气中悬】〔三〕

两手七星把门关，一路佛按在理（里）〔四〕边。

〔一〕跕，有拖着鞋走路、贴近、堕落、缓行之意，也同『站』和『跕』字。此处保持原貌未作改动，后文亦未作改动。

〔二〕原文缺图，只有文字。

〔三〕原文缺图，只有文字。

〔四〕理，古文中通『里』字。后同。

上步金刚往上翻。

到步候捶是丹（单）边。

要（跃）步逃。

上步金岗（刚）〔一〕往上翻。

〔二〕

巧女疏⿰足庄蜀（梳妆独）〔三〕腿站，飞手一卷在理（里）边。

【阴阳虚实把光点】

〔一〕岗，据文义，应为『刚』字之误。后同。

〔二〕此处只有图，无文字。

〔三〕疏⿰足庄，据文义，应为『梳妆』之误；蜀，据文义，当作『独』字。

外摆连（莲）〔一〕。

上步先生去支路。

左膀谢（斜）刑（行）〔二〕把振跕。

〔一〕连，据文义，应为『莲』字之误。

〔二〕刑，据文义，应为『行』字之误。后同。

双边〔一〕。

十指扡（拖）〔二〕手把门关。

上步要（跃）步是丹（单）边，收步丹（单）边坐中元。

〔一〕『双边』二字的墨迹为蓝色，疑为后人所补。此种现象在后文多次出现，不再逐一注出。

〔二〕扡，据文义，当作『拖』字。后同。（汉语大字典编辑委员会编纂《汉语大字典：九卷本》，第一九三六页。）

右膀谢（斜）刑（行）全中元，二红一拳在理（里）边。

上步枪掌把门关。

阴阳跨股分左右。

左右钓流把身盘。

八卦之主他为先。

左右钓流把尽跕，左右丹（单）枨[一]把身盘，一路线掌在理（里）边。

〔一〕枨，据说文·木部载，『枨，杖也』，指木柱，有支撑之意。（汉语大字典编辑委员会编纂汉语大字典：九卷本，第一三一一页。）

上步双帐把振跕，一路线掌在理（里）边。

双而起，把腿盘。

上步两手把门关。

分心一掌坐中元。

剑步把振赶。

左右掻〔一〕手是正阳，阳化西阳掌，打人不犯想。

〔一〕掻，此字难以识别，据文义，疑为『搖』字之误，其旁有『三个』二字。

迎面三脚把腿盘。

高升把人伤，落燕内中藏。

提溜腿。

⿰王帝（琥）〔一〕将最为强。

到步□□（变阴）〔二〕坐中元，二鬼剥门在□。

枪掌使理（里）先，变化是振山。

〔一〕⿰王帝，据文义，疑为『琥』字之误。后同。

〔二〕此处缺两字，据上下文，疑为『变阴』二字。

西阳掌，死里先，左右沾边逃走难。

变化。

进步四掌把振跕。

是振山。

退步四掌把身盘，孤树盘根仅（紧）〔一〕跟连，孤树盘根分左右。

双二起，把腿盘。

〔一〕仅，据文义，应为『紧』字之误。后同。

双二起，把腿盘。

左膀谢（斜）刑（行）把振赶。

分心一掌坐□（中）[一]元。

〔一〕此处缺一字，据上下文，疑为『中』字。

十脂（指）〔一〕扡（拖）手把门关。

阴阳变化是振山。

左膀谢（斜）刑（行）全中元，二红一拳在里边。

〔一〕脂，据文义，当作『指』字。后同。

巧女疏（梳）〔一〕妆独腿站，飞手一拳在里边。

左右七星把门关，大红一路气中悬。

两手七星把门关。

梳妆腿，把门关，阴阳跨股跳去难，八卦之主他为先。

〔一〕疏，据文义，应为『梳』字之误。

阴阳变化是振山。

右膀谢（斜）刑（行）全中元，二红一卷（拳）〔一〕在里边。

冷等飞上天。

双而起，把腿盘，脚[illegible]（踢）〔二〕金竹到（倒）〔三〕卷帘。

〔一〕卷，古文中通『拳』字。

〔二〕[illegible]，此字难以识别，据文义，疑为『踢』字之误。

〔三〕到，据文义，当作『倒』字。后同。

十指扡（拖）手把门关。

到步丹（单）揽把振跕。

迎面脚。

[illegible]（琥）请。

迎面三脚把腿盘。

左右[illegible]（琥）请使力先，沾边出手把人[illegible]（伤）〔一〕。

十指□（拖）〔二〕手把门关，迎面三脚把腿盘。

双而起，把腿盘，右腿旋风打的元（圆）〔三〕。

〔一〕[illegible]，据文义，疑为『伤』字。

〔二〕此处缺一字，据上下文，疑为『拖』字。

〔三〕元，据文义，应为『圆』字之误。

左膀谢（斜）刑（行）把尽趁。

单边。

左右𢭏〔一〕手门把关。

〔一〕𢭏，也作『擆』字，据广雅·释诂三载，『𢭏，击也』。

（汉语大字典编辑委员会编纂汉语大字典：九卷本，第二〇〇〇至二〇〇一页。）

左右此跌死里先。

到步丢手独腿站，上步盘肘坐中元。

梅花括捶独腿站。

〔一〕

〔一〕此处只有图，无文字。

两手七星把门关。

阴阳跨股分左右。

左右双帐把振跕，一路线掌在里边。

右膀谢（斜）行把振赶。

左右合手把门关，一路自捶在里边。

梅花括锤把门关。

坐住七星手，四面随你走。

左右丢手独腿站。

丢锤把振赶。

打虎一势把振跕。

金岗（刚）倒（捣）〔一〕碓行下元。

夜踏（叉）〔二〕观海把身盘。

〔一〕倒，据文义，当作『捣』字。后同。

〔二〕踏，据文义，应为『叉』字之误。

黑虎掏心死的先。

邀（跃）[一]步丹（单）鞭把振跕。

上步丹（单）揽把振赶。

[一] 邀，据文义，应为『跃』字之误。后同。

到步衮（滚）〔一〕身行下元，扑地鸡，在下边。

阴阳变化是振山。

随身起，坐中元。

谢（斜）行锤。

〔一〕衮，据文义，应为『滚』字之误。

摇山独腿站。

护当（裆）〔一〕护耳把门关。

身逃去难，先人挂化，使力鲜沾。

双而起，把腿盘。

〔一〕当，据文义，应为『裆』字之误。

两手闭门把门关。

左膀谢（斜）行把尽站。

手膊一钩把振站。

摇山独腿站。

随身起，是丹（单）鞭。

先人挂画行满天。

左右摇山独腿站。

三个摇山独腿站。

邀（跃）步丹（单）鞭死里先。〔一〕

父子拱手把振站。

〔一〕原文无图，只有文字。

打虎一势在里边。

双而起，把腿盘。〔一〕

燕子回头往里锁，沾住手膊逃去难。〔二〕

到（倒）步打虎，一势仅（紧）跟连。

上步丹（单）揽把振站。

〔一〕原文无图，只有文字。

〔二〕原文无图，只有文字。

右腿旋脚打里元，扑地鸡，在下边。

左右擒手逃走难。

上步跨股分左右。

阴阳变化是振山。

右膀谢（斜）行把振赶。

双而起，把腿盘，左膀谢（斜）行把振跕。

十指脚，去揥〔一〕兰。

〔一〕揥，意为摘。（汉语大字典编辑委员会编纂《汉语大字典：九卷本》，第二〇三五至二〇三六页。）

十脂（指）扡（拖）手把门关。

先人挂画行满天。

右膀谢（斜）行全中元。

上步盘肘坐中元。

左右两膀把振跕，大红一路在里边。

阴阳跨股分左右。

阳跨一路分左右。

左膀谢（斜）行把振赶。

右膀谢（斜）刑（行）把振站。

修步丹（单）鞭

修步丹（单）鞭秀锤完，十三君拳〔一〕在里边。

坐中元，十三君拳在里边。用攻（功）〔二〕力气勇，百病不能生，周身炼（练）〔三〕里和。

十指挝（抓）地顶碰天，松肩下气礼当先，扭拧吸呼把门关。

一路炮锤最为强，身外丢手把人伤。

顺手一炮分左右，摘心一炮内中藏。

插手一炮打海梁，分心一炮坐中堂。

五炮归一是朝阳，喊⿰讠差扑门把人伤。

阴阳虚实分左右，扭拧吸呼坐中堂。

〔一〕君拳，前文写作『军拳』，此处保持原貌未作改动。后同。

〔二〕攻，据文义，应为『功』字之误。

〔三〕炼，据文义，当作『练』字。后同。

坐住中炮手，沾边你难走。

一能生万，万能归一，变化无穷。

【炮锤之主】

一路佛按最难遭，两手闭门怀中抱。

佛家传锤最奥妙，百锤入身一旦消。

百锤入身生变化，化掌出手生的恶，把把带锤跟着脚。

脚手出的疾，沾佛滚打逃的稀。

软如绵（棉）〔一〕花硬如丁（钉）〔二〕，直来正去定输赢。

把把带锤，锤锤带把，变化无穷。

【佛按锤之主】

猴锤之主是单边，三肩四照礼当先。

松肩下气全都有，扭拧吸呼把门关。

〔一〕绵，据文义，应为『棉』字之误。后同。

〔二〕丁，据文义，当作『钉』字。

不封不顾，不沾不连。

直来正去，坐在中元。

抢掌出手最为强，阴阳虚实犯人伤。

阴阳虚实分左右，扭拧吸呼坐中堂。

坐住中堂手，四面仅（尽）尔走。

一能生万，万能归一，变化无穷。

【猴锤之主】

金钢（刚）〔一〕倒（捣）确（碓）〔二〕往下却（榷）〔三〕，沾住脚面走不脱。

上打通天炮，胁列一炮仅（紧）跟着。

左右捷炮身里使，穿心一炮最难躲。

五炮归一是正阳，沾边泚滑把人伤。

〔一〕钢，据文义，应为『刚』字之误。后同。

〔二〕确，据文义，应为『碓』字之误。碓，舂米的工具，也有『土堆』之意。（汉语大字典编辑委员会编纂汉语大字典：九卷本，第二六〇九至二六一〇页。）

〔三〕却，与『榷』字同音，应为同音借用字。榷，动词，中原官话，有打、敲打、砸之意。（许宝华、宫田一郎主编汉语方言大词典（全五卷），第六七五五页。）

阴阳虚实分左右，扭拧吸呼坐中堂。
坐住中堂手，四面仅（尽）你走。
一能生万，万能归一，变化无穷。

【金刚锤之主】

巧女梳妆最为先，鹤站冰凌把眼签。
先签二目童人（瞳仁）[一]散，金翅鲤鱼有命难。
阴阳虚实把光点，燕子回头在里边。
燕子回头生变化，化身一和似风悬。
坐住七星手，沾边你难走。
一能生万，万能归一，变化无穷。

【飞手锤之主】

左右单帐最为先，线掌出手坐中元。
轻如鹅毛重如山，阴阳虚实在里边。

[一] 童人，据文义，指瞳仁。童，古文中通『瞳』字。

阴阳虚实生变化，化身一和似灯悬。

沾手欺打分左右，沾手滚打逃去难。

沾手捷打身里使，沾手插打上下翻。

晴打不顾坐中元，硬软虚实在里边。

坐住中元手，四面仅（尽）你［走］〔一〕。

一能生万，万能归一。

【小阳掌之主】

自锤出手最为恶，金钩独立都带脚。

左右使合手，内藏飞仙脚。

上打迎面掌，独手仅（紧）跟着。

燕子来回头，经（金）〔二〕鸡把嗉〔三〕挪。

经（金）鸡去挪嗉，沾边走不脱。

〔一〕走，据上下文所补。

〔二〕经，据文义，似为『金』字之误。后同。

〔三〕嗉，鸟类喉下盛食物的囊，也可作星名，表示朱雀七宿中的张宿。（汉语大字典编辑委员会编纂汉语大字典：九卷本，第七一六页。）

周身炼（练）气分〔一〕，吸呼都炼（练）活。
周身把气炼（练），沾边打不着。
坐住七星手，四面你难走。
一能生万，万能归一，变化无穷。

【自锤之主】

左右搯手是正阳，襄（湘）〔二〕子提蓝（篮）〔三〕内中藏。
藏化西阳掌，打人不犯想。
掌化把门关，骑马一纵打飞仙。
阴毒撩掌在下边，左右捷掌身里使，左右顺掌礼当先。
分身一掌最为恶，出手沾边走不脱。
摘心一掌仅（紧）跟着，一掌分八掌，八八六十四掌，变化无穷。

【西阳掌之主】

〔一〕气分，中医上指属于气的范围的功能活动及病变，常与『血分』相对而言。（李经纬、邓铁涛等主编《中医大辞典》，人民卫生出版社，一九九五，第二七一页。）

〔二〕襄，据文义，应为『湘』字之误。此处指神话人物韩湘子。

〔三〕蓝，据文义，应为『篮』字之误。早期传说中，韩湘子的宝物有花篮。

二红一路最为勷〔一〕，不封不顾把人伤。
左右卸（斜）〔二〕行内中藏，阴阳泚滑全都有，沾随钩带难躲藏。
两手七星把门关，沾随滚打坐中元。
左右上下中为主，阴阳虚实在里边。
阴阳把锤化，化身一和似风悬。
打的硬，变的软，扑地衿〔三〕，在下边，下边原是蒙地锁。
先闭下盘脚，闭了脚合手，沾边你难走。
一能生万，万能归一，变化无穷。

【二红锤之主】

大红一路最为强，出手先打四门掌。
提留（溜）〔四〕一步分左右，扭拧吸呼把人伤。

〔一〕勷，据文义，似为帮助之意。（汉语大字典编辑委员会编纂汉语大字典：九卷本，第四一七页。）
〔二〕卸，据文义，应为『斜』字之误。
〔三〕衿，意为衣的交领。（汉语大字典编辑委员会编纂汉语大字典：九卷本，第三二八一页。）
〔四〕留，据文义，应为『溜』字之误。后同。

下打滚肚红，上打迎面掌。
左右是插手，沾边最难防。
软者欺打，硬者偷打。不硬不软，随手就打，必成功也。

【大红锤之主】

八卦一路是金阳，长跨沾边把人伤，饿虎掏心胁列藏。
阴阳跨，分左右，扭拧吸呼坐中堂。
扭拧吸呼生变化，化身一和似灯光。
坐住中元手，沾跨你难走。
进步开门跨〈跨〉〔一〕，退步关门跨；手下阴跨，手上阳跨；怎来怎跨，变化无穷。〈怎〉〔二〕

【八卦锤之主】

梅花里锤扑叫门，左右膀尖仔细存。

〔一〕跨，据文义，应为衍文。
〔二〕怎，据文义，应为衍文。

左手一动门闪开，右手一动闪开门。
黑虎掏心往前进，吸呼扭拧把锤破。
三分阴阳定住身，三分阴阳把锤化。
化锤一出擦闭门，沾连泚滑不离身。
坐住泚滑手，沾边你难走。
一能生万，万能归一，变化［无穷］〔一〕。

【梅花锤之主】

打虎一势最为恶，左右摇山都带脚。
内有寿星腿，仅（紧）跟分心脚。
湘子踢蓝（提篮）〔二〕仅（紧）跟着，左右是擒手，沾边走不脱。
内有千斤缀（坠）〔三〕，五官都封着。
身里使盘肘，沾边最难躲。

〔一〕无穷，据上下文所补。
〔二〕踢蓝，据文义，应为『提篮』之误。
〔三〕缀，据文义，应为『坠』字之误。

坐住七星手，四面仅（尽）你走。

一能生万，万能归一，变化无穷。

【飞虎锤之主】

治化绣锤最为先，非打靠手都不沾。

靠打眼应脚手疾，左右沾边逃的稀。

周身炼（练）[的]〔一〕和，一身打不着。

身和如灯火，入身走不脱。

沾连泚滑最难遭，二十四势最为高，二人靠打如虎豹。

梳妆腿，把门关，两手抱怀难进前。

进步使掌把进碾，帖住下元逃走难。

退步四掌把身盘，擒手过势使的先〈鲜〉〔二〕。

搭住左手难动弹，左右搏遂打膊尖，二鬼把门都破完。

兜都红，占中元，先打身里走身外。

〔一〕的，据上下文所补。

〔二〕鲜，据文义，似为衍文。

手上手下逃走难，共上四步把进碾。
阴阳变化十六拳，左右占伏把门关。
上下左右难进前，提溜一步分左右。
左右把门关，钩挂切懸（悬）〔一〕难进前。
周身炼（练）的和，入身打不着。
身活如灯火，入身走不脱。
先生子路咽喉点，左手一拔传中元。
软肋一炮难进前，翻尔扒子扇的活，腰眼拧活打不着。
金刚捣碡（碓）〔二〕往下擳（榷）〔三〕，沾住脚面走不脱。
内藏迎面脚，二鬼拔门都能破。
侧身一跑（炮）〔四〕往上翻，钩挂七手打五官。
二鬼拔门都破完，分身一炮进中元，左右钩搂把门关。
左右谢（斜）行难进前，单风贯耳使的活。

〔一〕懸，据文义，疑为『悬』字。
〔二〕碡，据文义，应为『碓』字之误。
〔三〕擳，据上下文，应为『榷』字之误。
〔四〕跑，据文义，应为『炮』字之误。

腰眼拧和打不着，招扬（阳）〔一〕一炮最为恶。

锤打应胁走不脱，钩挂捷打都能破。

单风贯耳使的鲜（先）〔二〕，沾随钩挂五官，二鬼拔门都破完。

分心掌，进中元，左右合手把一关，一手合聚两只拳。

寿星腿，去剔（踢）〔三〕拦，踶（踢）〔四〕住合手难进前，阴阳跨股最为先。

拈住下元逃走难，阴阳跨股使的捷，拈着胯骨逃的稀。

要不逃，拴中元。两手捷快雨和点，底上四步都打完。

撩裆一脚提的〔五〕鲜（先），互膝一脚怀下元。

分心一脚进中元，武教君子逃走难。

鬼拉钻，靠身活，倒步打肘身外多。

擦肋一炮紧跟着，钩挂拨随使里先。

〔一〕扬，古文中通『阳』字。

〔二〕鲜，据文义，应为『先』字之误。后同。

〔三〕剔，据文义，疑为『踢』字之误。

〔四〕踶，据文义，应为『踢』字之误。

〔五〕的，此字旁有一字，疑为『里』字。

踢躲（跺）〔一〕三脚都破完，左右擒手最为恶。
踢住下连走不脱，左左盘肘紧跟着，踢住下元最难破。
揉打五官多，内藏分心脚，白鹅亮翅担里和。
怯闪腾娜（挪）〔二〕身外多，两手碍不着，拨去分心脚。
小阳掌，进中元，先打身里走身外，手上手下逃走难。
单手闭双拳，四面难进前。
提搊（溜）〔三〕一步分左右，左右摆门关，钩挂且思难进前。
周身炼（练）的活，入身打不着。
身活如灯火，入身走不脱。
一路自锤最为恶，锤打远列走不脱。
先打身里走身外，手上手下最难破，单风贯耳紧跟着。
双二起，最为先，踢住手肘难进前。
分心一脚进中原（元）〔四〕，勿教君子逃走难。

〔一〕躲，据文义，应为『跺』字之误。
〔二〕娜，据文义，应为『挪』字之误。
〔三〕搊，据文义，应为『溜』字之误。
〔四〕原，据文义，应为『元』字之误。后同。

梅花一锤最为奇，喊咤一声逃里（哩）〔一〕稀。

三步三锤把进赶，勿教君子逃走难。

父子拱手摆门关，上下左右难进前。

周身炼（练）里和，袖手打不着。

内藏左右脚，分心一脚最难破。

钩挂摆门关，踢堕三脚都破完。

毫跕冰凌二目点，先生摘茄在下原（元）。

双风贯耳使里〈里〉〔二〕鲜（先），一个双撑都破完。

孤手盘根分左右，寿星腿，去踢兰（拦）〔三〕，左踢远列难进前。

分心一脚进中原（元），勿教君子逃走难。

倒步一缩摆门关，搏随三脚都破完。

上步一掌进中原（元），身外遥山打五官。

磨步一缩破摇山，远列一炮难进前。

〔一〕此处的『里』似为中原常见语气词『哩』，作为助词，表示肯定语气。后同。（许宝华、宫田一郎主编《汉语方言大词典（全五卷）》，第四七九九页。）

〔二〕里，据文义，应为衍文。

〔三〕兰，据文义，应为『拦』字之误。

钩挂四掌摆进赶，倒步四掌摆身盘。
二人靠打如河（何）[一]炼（练），靠打盘手称英贤。
反河靠打，翟警（经）[二]余访满天〔下习武之人〕[三]，聚化一袖十三拳。
十三君拳归余拣，靠打盘手称英贤。
左右上下中为主，阴阳虚实在里边。
靠打眼应胠（脚）[四]手疾，左右沾边逃的希（稀）[五]。
枪掌虚实最难捍，归拣靠打如虎豹。
炮拳一路最为强，身外顺手把人伤。
顺手如炮分左右，侧心一炮内中藏。
插手一炮打海梁，分心一炮坐中堂。
五炮归一是朝阳，喊咤扑门打鼻梁。
插列一炮软列藏，穿心一炮坐中堂。

〔一〕河，古文中通『何』字。
〔二〕此处『翟警』，应与上文的『翟经』为同一人。
〔三〕下习武之人，据上文所补。
〔四〕胠，据文义，似为『脚』字之误。
〔五〕希，据文义，有罕见、少之意，当作『稀』字。后同。

九功（宫）〔一〕八卦似朝阳，喊咤扑门把人伤。
阴阳虚实分左右，扭拧吸呼坐中堂。
坐住中炮手，沾边你难走。
进手出手最为强，沾随钩带破朝阳。
倒步□把门关，二鬼拨门在里边。
闭住五化（花）〔二〕炮，上下左右难进前。
纵然显门叫你进，进也不占。
周身拣（练）里和，一身打不着。
身活如灯火，一身走不脱。

一路扶按最为恶，把把带捶跟着脚。
脚手出里（哩）疾，沾扶滚打逃里（哩）希（稀）。
软如绵（棉）花劲如钉，直来正去定输赢。
左右截打身里使，左右插打坐中平。

〔一〕功，据文义，应为『宫』字之误。
〔二〕化，据文义，应为『花』字之误。

把把带锤最为先，劲攘虚实在里边。
坐住阴盛大，闭住扶按脚。
上使鬼闪，把把碍不着。
周身拣（练）里和，一身打不着。
疾步望（往）[一]前进，一身走不脱。

单鞭出手最为先，不封不顾进中原（元）。
不沾不连入空走，武教君子逃走难。
枪掌出手最为强，阴阳虚实把人伤。
阴阳虚实分左右，扭拧吸呼坐中堂。
坐住枪掌手，沾边你难走。
进手把门关，闭住猴捶使单鞭。
上下左右不能过，倒步变化坐中原（元）。
纵然显门教（叫）[二]你进，进来也不占。

[一] 望，据文义，当作『往』字。后同。
[二] 教，据文义，当作『叫』字。

周身拣（练）里和，一身走不脱。

金钢（刚）挎（捣）〔一〕碓望（往）下搉〔二〕，沾住脚面走不脱。

上打通天炮，插列一炮紧跟着。

穿心炮，最难躲，五炮归一是正阳。

沾边泚滑把人伤，白鹅掠翅扇里和。

歉闪腾那（挪）〔三〕身外每，单风贯耳紧跟着。

内藏分心脚，站冰棱鱼，钩挂迁眼窠，先迁二目瞳人散，落得两眼看不着。

燕子回头紧跟着，进手把门关。

一手闭住飞手拳，闭住仙鹤嘴，不能把眼迁。

四门难进前，列步坐中原（元）。

纵然显门叫你进，进来也不占。

周身拣（练）里和，一身打不着。

〔一〕挎，据文义，当作『捣』字。

〔二〕搉，据文义，当作『榷』字，但其不如方言『榷』字含义丰富，且清代俗字多存在偏旁混用现象，此处保留原字。（汉语大字典编辑委员会编纂汉语大字典：九卷本，第二〇五二页。）

〔三〕那，据文义，当作『挪』字。

身和［如］〔一〕灯火，一身走不脱。

小阳掌，最为先，线掌出手占中原（元）。

轻如鹅毛重如山，阴阳虚实在里边。

沾随期打分左右，沾随滚打逃去难。

左右截打身里使，左右插打随手翻。

劲勷虚实在里边，左右沾扶把门关。

上下左右难进前，提留（溜）一步分左右，左右把门关。

沾着手肘进，你不能进退你逃去难，阴阳紧跟连。

周身拣（练）得和，一身打不着，身活如灯火，一身［走不脱］〔二〕。

〔一〕如，据上下文所补。

〔二〕走不脱，据前文所补。

严字门拳谱

提要

严字门拳谱，一册，抄本复印件，有版框，字体为行楷，未题署抄录者姓名及抄录时间，然捐献地文物部门鉴定其为清代抄本。此谱的湖北省武术征集活动『三献』实物鉴定评选审定表中的『技艺、拳经、拳谱文献实物的简介』云：『经查明，此书原作者系曹学升及其儿子启迪写画，几经转折后为罗宇瞻买于宜昌市，后又落于陈大锦之手。』二十世纪八十年代中期，陈大锦将此谱捐献给湖北省武术挖掘整理小组。此谱现藏于中国武术研究院，院藏编号为G852.19-52。

严字门拳谱的内容大致可分为两部分：一是拳论，如用功总论、外五行八卦论、内五行一气歌、用功要诀、交手要诀、功成密诀、四十五大字论法、神传小字廿七等；二是七十二幅彩色拳势图，并附文字注释。但由于图中拳势的文字注释过于简单，加上拳论部分或有错讹疏漏，故有些地方读来难得其要。

严字门拳是湖北地方拳种，据说是清康熙年间由京山永兴镇严家棚子人严鹏所创，其后传系繁复，在江汉平原区域流传三百余年，后和起源稍晚的熊门拳一起流传，两拳种的传人从学互练，不断交流，故有严、熊难分之说。应该说，此谱为今人了解清代的严字门拳，提供了一份难得的历史文本。

严字门拳谱影印

用功總論

先打匡 匡正也言先操拳路取其板正以後易於變通也○如儒者先熟讀經史

後打灵 灵通也又必操其活動知所变通而不拘滯方不為人暗算也○如儒者作文有捏嬌四面方之論

然後打擒 擒提也言一入手必須扣緊莫鬆也

停 停佇也言一哉定如停之挺然獨立人雖有立如虎亦莫能掀翻顛扑也

沉 沉重也言我手去打則已一打如沉水而不見其狂此也

陈大錦

外五行八卦論

舌屬心（司火）眼屬肝（司木）唇屬脾（司土）鼻屬肺（司金）耳屬腎（司水）大指屬脾二指屬肝中指屬心無名指屬肺小指屬脊（所司俱同）上頂乾為天耳為坎為水手為艮為山足為震

為木股為巽為土目為离為火
腹為坤為地口為兌為金

内五行一氣歌即祖師篇内所云真決是也○

肝司主氣位正東脾能統氣在
中宮心主离火神妙化腎能盈
滿氣力充肺居兌方能發氣形

外驚人立声雄霹靂交加心火動那怕他人有全功

用功要訣

輸身小勢彎腿直脚前足虚後足實前足尖一點湍身自勇变體自鞭百斑打手俱在一動之

内内有七節八寸九處相連十二節相对相連子氣外五行自勇氣内五行收法外五行放法眼往上一翻屬陰陰氣落於十二節鼻往上縱屬陽陽氣落於下口唇中沉氣法腰凹騰懸牆

開此事盛氣手法肝癡脾入心
沉盛盈不可還了肘心之氣氣
是心發氣力是足下力力能摧
氣氣能引力力氣相停陰陽相
对前手草了灣肺氣往外翻五
節乡沉法六節帶勢灣八節發

勇氣騰腰往後懸七節九節陰
陽轉節胸膛一哆氣往外發未
曾去交手裹手要当先頭手未
發出眼觀一條線上下來走勢
內藏有三战出手謂尖战占手
謂滑战打手者謂急战三戦合

一處沉氣在内邊心與眼合眼
與手合手與足合此謂四大合
眉縱眼漂主一有鼻落耳載心
胸大口動唇燎隨自已霹雷交
加心火動那怕他人有全功去
勢如秀女之形動比如虎狼之

心去者要輕動者要靈打者要沉陰氣足發前心後脊陽氣足发前臂後心陰力量大天盖地陽力量全平地起陰氣歸於丹田陽氣發於命門陰不轉上陽不落下乃是渾然一氣渾然吾

道成道成莫要忌真形真形真
精神怒從心內起力從足下發
惡向胆邊生一功似臂二功似
托天三功雙抱月四功龍歸海
五功虎鑽山跳出孫大聖神棍自
一振力打有千斤長短挺佳天

交手要訣

我不動者你不敢打我縱然你打我我有大战二十四小戰式十一（即後面所論之十五個大字法也○）之知吾不知之吾不之知先師自知之（先師此即真精神是也○）

功成密訣（真訣者即前面五行一氣歌是）也

祖師曰渾元氣吾道成道成莫
外吾真形真形內悟真精神真
精神藏氣動停向真形來求真
形須向真形求形行真形合了
有真訣合得真訣呈底灵

以上諸篇論歌訣必須氣眼手足活動方可講求否則無益

四十五大字論法

河南府樂陽懸闫

老師印大此神侍也

之藝而伏曉

我之手藝只自已知道且人未動之先我亦預知人之手藝也〇此兵法所云知己知彼百战百勝皆此

一動而千化

我身一動滑快无比千变万化无穷尽也〇此兵法所云奇正相生循環无端誰能穷之比也

變用而格致

当用手時彼使上一路我必用手变動勢然後更加氣力致極處焉〇此兵法所云倍則分之工而必取比也

通道而飛走

通起道路頗一走走些見起手我乘之如飛走也〇此兵法所云避實而擊虛比也

腦下而非等

双手遍变我腦一下当彼快接之時將手一抖等他招來方可向手〇此兵法所云至人而不至於人比也

趕隨而合勇

見手追來將他丢過或趕進一追或隨勢一扞但宜合內五行勇氣○此兵法所云以虞待不虞此也

開門而進破

他進我門便一把抓往將他兵過須用身法變化方能打他○此兵法所云趨其所不至已者也

進門而抓尺

我進他門用手擒拿只宜尺許之間宜進不宜遠也○此兵法所云直擣巢穴如以石擊卵此也

一動而百靜

動如奔兔靜如處女他雖有班打手我自靜養夫滑計在心○此兵法所云整暇二字是也

無形跡亦無定規或陰勝或陽勝存乎其人○

神傳小字廿七

穩穩載高亮而明燈地打而難

破如虎而难走抓振也嘓嘓也

漊漊曉以上大小字共七十二個

又小字七十二此自顯所作其人奸滑已極自今不待因自作七十二小字遂開列於後

枝點百花光金穀眉合手佛黨

齊平章一動而千勢伏乳子進

身天宮轉地理萬物寄心能未

出而變千八陽起落陰望南一
柱香伏地一杯酒坐談爾勢力
出焉馬一枝花如上東風勇千
萬

此七十二小字皆有圖形可考故
未及注論以示之

功成開祝話

天開地開奉請點猿老師夫下

天台弟子厶厶厶厶防身護體

護體防身

香案前祝語（收操習人仿佛案手对主案前）

陰請陰交陽請陽交不請自交

山前山後

枝

頭扶陽氣

立眉斗眼

頭陽目斗

點

頭陽目斗

百

方入於止双陽拳脾氣為主

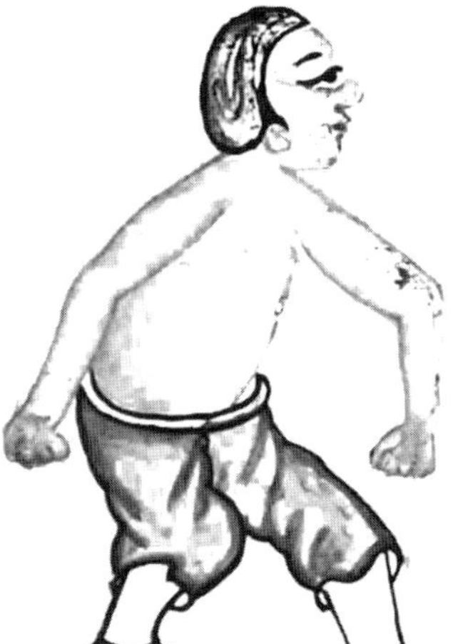

頭陽目斗

花

氣收力

雙陽拳落於膝離方七二十肺

光

平眼正眼

正身陽拳脾氣入力

金

頭扶陽氣

立眉斗眼

毅

立眉斗眼

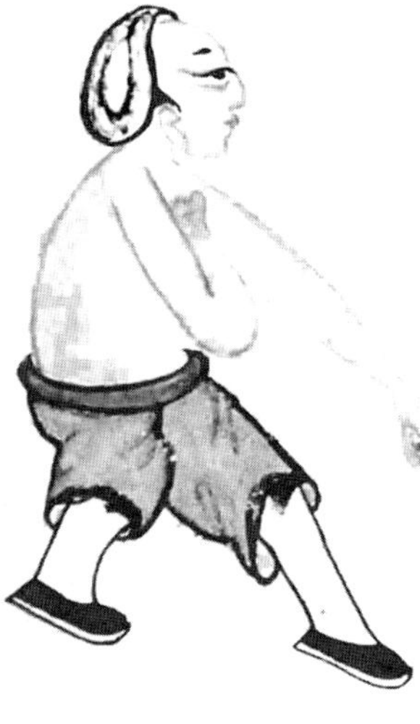

彌

立眉斗眼

頭扶陽氣

合

立眉斗眼

立眉斗眼手

頭扶陽氣
立眉斗眼

佛

平耳
二足並齊陽離七廿兩陰手往上順頭股

黨

頭扶

陽氣

立眉斗眼

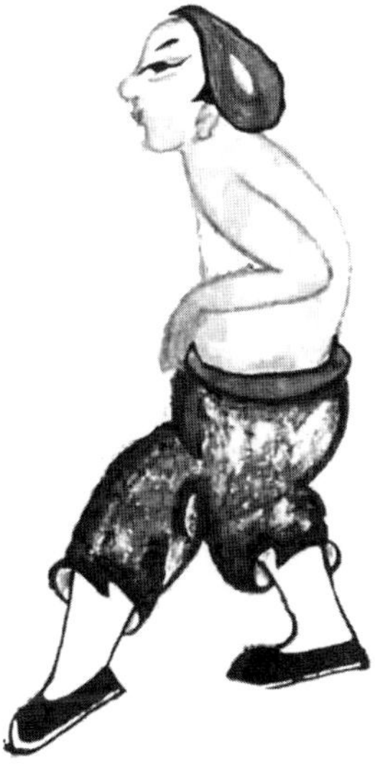

陽氣斗眼

臍

在左膞拳氣重右拳心肝主

正方順力

平

頭扶陽氣

平眉正眼

頭扶陽氣

章

二拳離方四指脅氣入力

壹

立眉斗眼

頭扶陽氣
立眉斗眼

動

左拳邊而右拳过口賢氣入力

立眉斗眼而頭扶陽氣

前陽氣後陰力左右五行盡入

千

頭扶陽氣

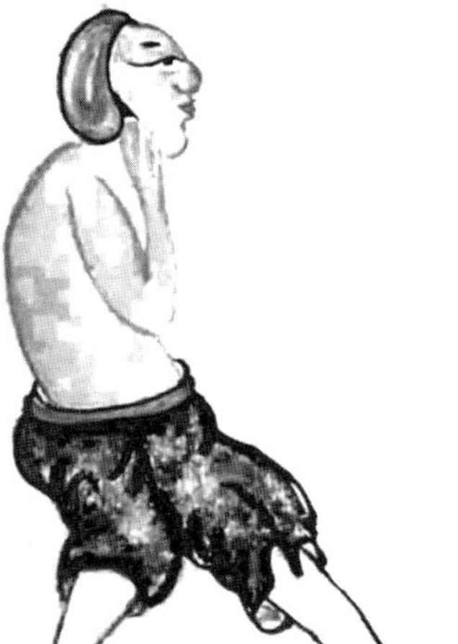

左右手脾力為主

勢

頭八正力平眉正眼

心氣用力氣落肘心

伏

頭扶陽氣

乳

兩手臂氣離口四指

立眉斗眼

立眉斗眼

子

腰力入重

進

兩手脾氣入力

頭扶陽氣

立眉斗眼

身

脾氣入力

左手氣落肘心右手脅氣入力

天

頭扶陽氣

身落腰力脾力

入重

宫

平眉正眼

頭扶陽氣

轉

身入直力

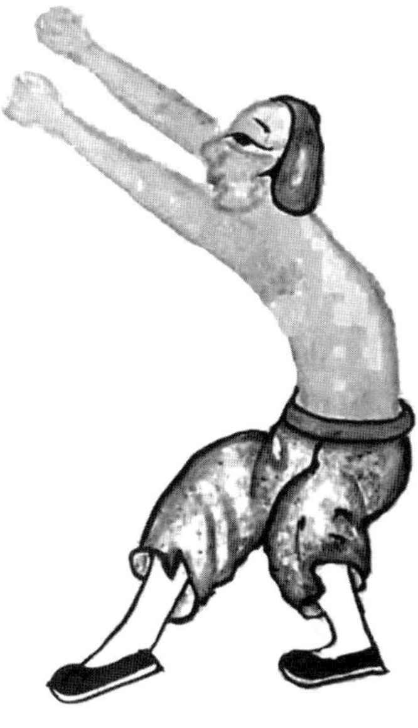

立眉斗眼

地

二拳離身一尺離地一尺

頭扶陽氣　正身

理

二拳脾力為重

二拳对於耳心氣為主頭入以正方之力

萬

頭扶陽氣

物

左右手氣落肘心

立眉斗眼

寄

二拳俱陽脾氣主力在肘心

左右手心氣為主

心

頭扶陽氣

能

立眉斗眼

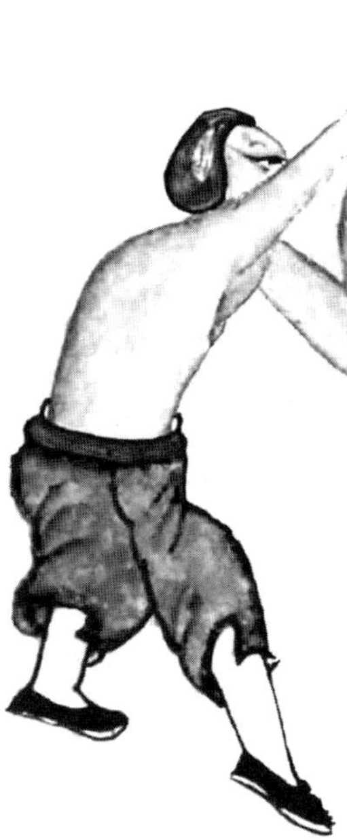

未

頭扶陽氣

立眉斗眼

出

二拳脾氣為主上下朝平

二手臂氣為主

而

頭扶陽氣

兩手伏於耳下

千

立眉斗眼

左右手微屈鼻臂氣為主左手扶右手

以上離前手四指

變

頭扶陽氣

立眉斗眼

入

二拳脾力為重

頭扶陽氣

陽

平眉正眼

起

身落陰氣左右拳脅氣為主

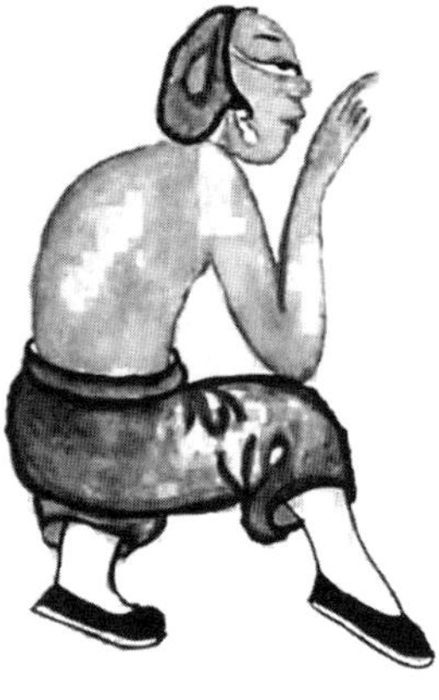

頭扶陽氣

落

平身入順

右拳離地脾力為重左拳对耳

立眉正眼

陰

二拳脾力為主

左右脾力入重

望

頭扶陽氣

立眉斗眼

南

頭扶陽氣

一

是收力

左右手氣落肘心氣落中身以內俱

二拳脾力為主氣落肘心

柱

立眉斗眼

腎氣落肘心落下腰力

香

立眉斗眼

頭扶陽氣

脾力為主

伏

頭扶陽氣

二肘俱在膝内二手心肝

入力

地

立眉斗眼

氣落肘心脾力為主

一

頭扶陽氣立眉斗眼

杯

頭扶陽氣

氣落时心胥入力氣

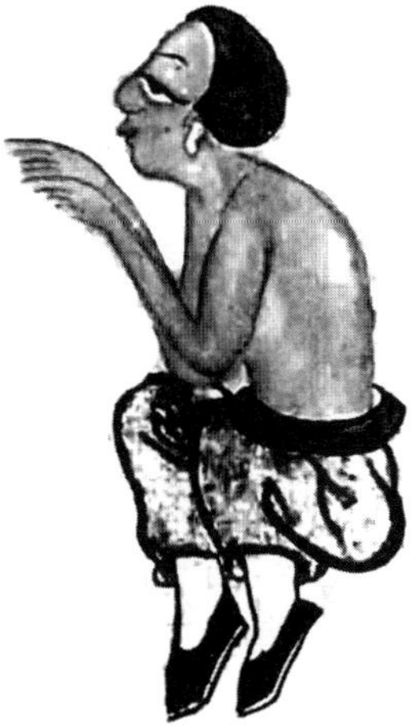

酒

立眉斗眼

二肘俱膝上脾氣入力

坐

頭扶陽氣

談

二手一扣脾肺入力

立眉斗眼

氣落肘心

爾

頭扶陽氣

心肘脾三氣入力

勢

立眉斗眼

頭扶陽氣

力

二拳八十字脾氣入力

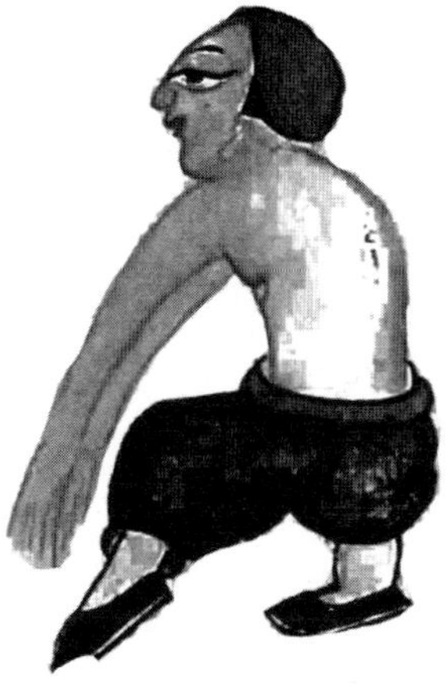

立眉斗眼

出

左右膊力為主

馬

二手脊氣為主

頭扶陽氣

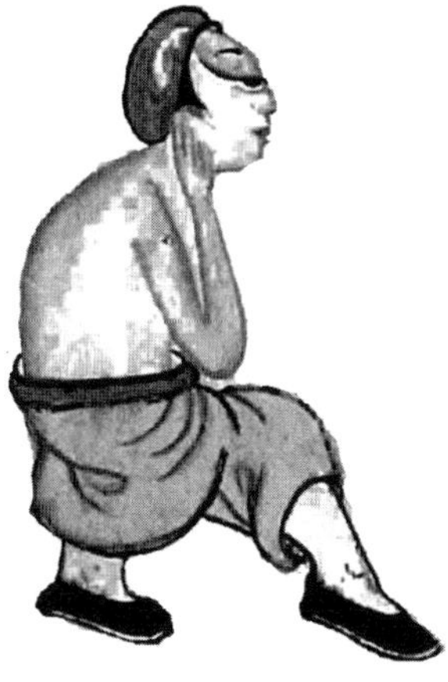

右手氣在肘心左手膊氣落於

骨節

一

立眉斗眼

頸扶陽氣

枝

二手拳对是尖

手指下上氣落肘心

花

立眉斗眼

頭扶陽氣

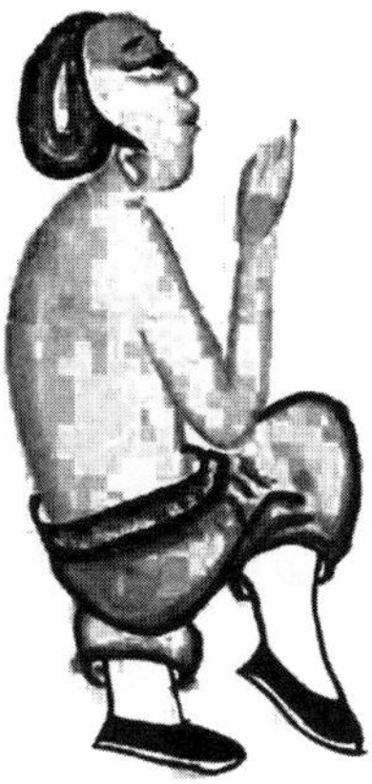

陰氣入力勢半曲半直

如

上陽下陰盡力全
是出足之勢

上

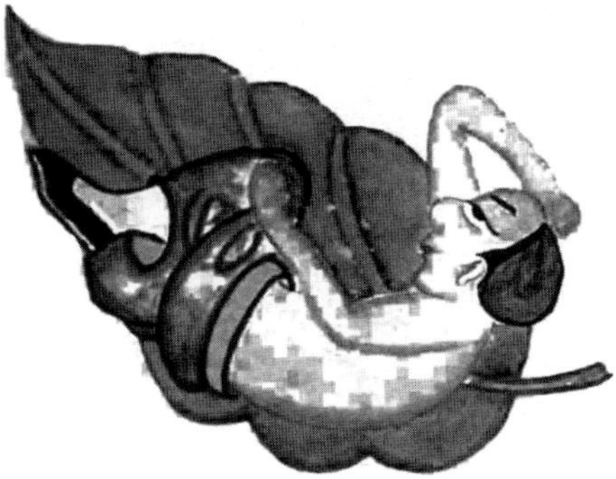

立眉斗眼反勢

太陽用力

東

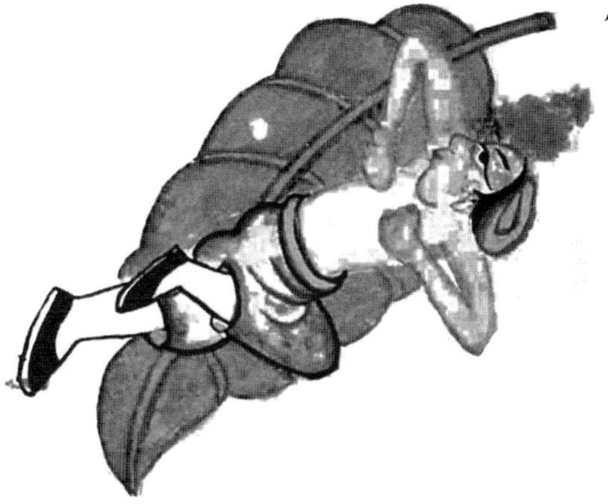

風

半陽半陰

頭扶陽氣
身入陽力

勇

左手直出右手縮出肘外

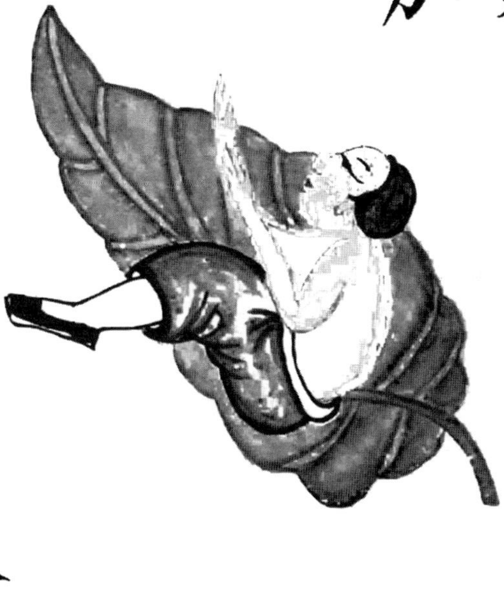

二手氣落肘心

千

立眉斗眼

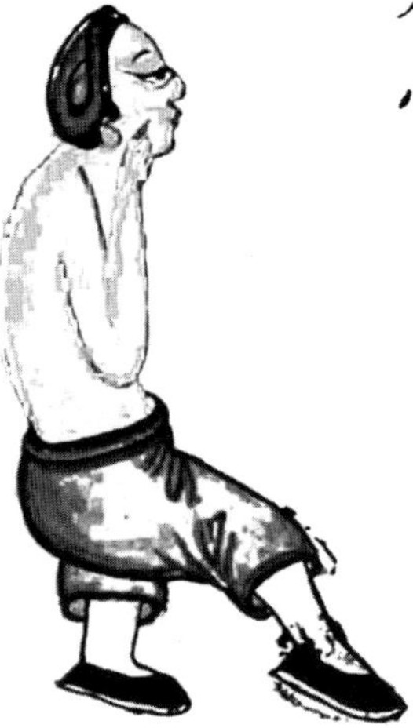

頭入以正身之力

萬

下落渾元一氣

五行無所不至全陽全陰上起

严字门拳谱校释

严字门拳谱

用功总论〔一〕

先打匡。【匡，正也。言先操拳路，取其扳正，以后易于变通也。如儒者先熟读经史】

后打灵。【灵，通也。又必操其活动，知所变通，而不拘滞，方不为人暗算也。如儒者作文，有轻矫四面□方之论】

然后打擒。【擒，捉也。言一入手，必须扣紧莫松也】

停。【停，伫□□也。言□□一哉？定如停之，挺然独立。人虽有立如虎，亦莫能掀翻颠扑也】

沉。【沉，重也。言我手□，□打则已，一打如沉□□水，而不见其轻者也】

外五行八卦论

舌属心【司火】，眼属肝【司木】，唇属脾【司土】，鼻属肺【司金】，耳属肾【司水】。

〔一〕首页末有『陈大锦』三字，字的墨迹为蓝色，应是收藏者用硬笔所书。

大指属脾，二指属肝，中指属心，无名指属肺，小指属肻（肾）[一]。【所司俱同】

上顶乾为天，耳为坎[二]为水，手为艮为山，足为震为木，股为巽为土，目为离为火，腹为坤为地，口为兑为金。

内五行一气歌

【即祖师篇内所云真诀是也】

肝司主气位正东，脾能统气在中宫。
心主离火神妙化，肾能盈满气力充。
肺居兑方能发气，形外惊人立声雄。
霹雳交加心火动，那（哪）[三]怕他人有全功。

〔一〕肻，据文义，疑为『肾』字之误。后同。

〔二〕此处字间的『乾』字不在行内，另据文义，中医认为耳对应坎卦，『乾』字当为衍文，似为后人所作笔记。

〔三〕那，据文义，当作『哪』字。后同。

用功要诀

输身小势，湾（弯）〔一〕腿直脚。前足虚，后足实。前足尖一点，满身自勇，变体自骾（硬）〔二〕，百班打手，俱在一动之内。内有七节、八寸、九处相连，十二节相对。相连子气外，五行自勇气。内五行收法，外五行放法；眼往上一翻属阴，阴气落于十二节。鼻往上豵（耸）〔三〕属阳，阳气落于下口唇中。

沉气法

腰凹腾悬膅（裆）〔四〕开此，事盛气手法肝癡（痴）〔五〕。脾入心沉盛盈不，可还了肘心之气。气是心发气，力是足下力。力能摧气，气能引力。力气相停，阴阳相对。前手革了湾（弯），肺气往外翻。五节多沉法，六节带势湾（弯）。八节发勇气，腾腰往后悬。七节九节，阴阳转节。胸膛一哆，气往外发。未曾去交手，里手要当先。头手未发出，眼观一条线。上下来走势，内藏有三战。出手谓尖战，占手谓滑战，打手者谓急战。三戟（战）〔六〕合一处，沉气在内边。

〔一〕湾，据文义，当作『弯』字。后同。

〔二〕骾，最初指鱼骨卡于喉咙，后引申为『耿直』，汉书以后多用『鲠』字代替，此处疑为『硬』字之误。

〔三〕豵，据文义，疑为『耸』字之误。

〔四〕膅，据文义，应为『裆』字之误。

〔五〕癡，此字难以识别，据文义，疑为『痴』字之误。

〔六〕戟，据文义，应为『战』字之误。

心与眼合，眼与手合，手与足合，此谓四大合。

眉纵眼漂主一有，鼻落耳载心胸大。口动唇燎随自己，霹雷交加心火动，那（哪）怕他人有全功。

去势如秀女之形，动者如虎狼之心。去者要轻，动者要灵，打者要沉。

阴气足，发前心后胥（肾）；阳气足，发前肾后心。阴力量大天盖地，阳力量全平地起。阴气归于丹田，阳气发于命门。阴不转上，阳不落下，乃是浑然。一气浑然吾道成，道成莫要忘真形，真形真精神。恕（怒）〔一〕从心内起，力从足下发，恶向胆边生。一功似肾，二功似托天，三功双抱月，四功龙归海，五功虎钻山。跳出孙大圣，神棍自一振。力打有千斤，长短挺佳（住）〔二〕天。

交手要诀

我不动者，你不敢打我。纵然你打我，我有大战二十四，小战二十二【即后面所论四十五个大字法也】之知。吾不知之，吾不之知，先师自知之【先师者，即真精神是也】。

功成密诀

【真诀者，即前面五行一气歌是也】

〔一〕恕，据文义，应为『怒』字之误。

〔二〕佳，据文义，应为『住』字之误。

祖师曰：浑元气，吾道成，道成莫外吾真形。真形内悟真精神，真精神藏气动停。向真形来求真形，须向真形求形行。真形合了有真诀，合得真诀呈（彻）〔一〕底灵。

【以上诸篇论歌诀，必须气、眼、手、足活动，方可讲求，杯（否）〔二〕则无益】

四十五大字〔三〕论法

【河南府乐（洛）阳〔四〕悬（县）〔五〕闫老师印夫此神侍也】

之艺而伏晓。【我之手艺只自己知道，且人未动之先，我亦预知人之手艺也。此兵法所云：知己知彼，百战百胜者也】

一动而千化。【我身一动，滑快无比。千变万化，无穹（穷）〔六〕尽也。此兵法所云：奇正相生，循环无端，谁能穹（穷）之者也】

变用而格致。【当用手时，彼使上一路，我必用手变动艺，然后更加气力致极处焉。此兵法所云：

〔一〕呈，据文义，似为『彻』字之误。

〔二〕杯，据文义，应为『否』字之误。

〔三〕此处『四十五大字』指从『之艺而伏晓』到『一动而百静』共四十五个字。

〔四〕乐，在河南方言中读音同『洛』，且河南并无『乐阳』地名，故应为『洛阳』。

〔五〕悬，据文义，应为『县』字之误。

〔六〕穹，据文义，当作『穷』字。后同。

倍则分之，工而必取者也】

通道而飞走。【通起，道路颇一走，走些见起手，我乘之如飞走也。此兵法所云：避实而击虚者也】

脑下而非等。【双手遍变，我脑一下当彼快按之时，将手一抖，等他招来，方可向手。此兵法所云：至人而不至于人者也】

赶随而合勇。【见手追来，将他丢过，或赶进一追，或随势一扦〔一〕，俱宜合内五行勇气。此兵法所云：以虞待不虞者也】

开门而进破。【他进我门，便一把抓往（住）〔二〕，将他丢过。须用身法变化，方能打他。此兵法所云：趋其所不至已者也】

进门而抓尺。【我进他门，用手摛（擒）〔三〕抓，只宜尺许之间，宜进（近）〔四〕不宜远也。此兵法所云：直捣巢穴，如以石击卯（卵）〔五〕者也】

一动而百静。【动如奔兔，静如处女。他虽有班打手，我有静养尖滑计在心。此兵法所云『整暇』二字是也】

〔一〕扦，抵御、抵挡。（汉语大字典编辑委员会编纂汉语大字典：九卷本，四川辞书出版社，二〇一〇，第一九三三页。）

〔二〕往，据文义，应为『住』字之误。

〔三〕摛，舒、舒展，据文义，疑为『擒』字之误。（同上书，第二〇五〇页。）

〔四〕进，据文义，应为『近』字之误。

〔五〕卯，据文义，应为『卵』字之误。

神传小字廿七〔一〕

【无形迹，亦无定规。或阴胜，或阳胜，孝乎其人】

稳稳载，高亮而明灯，地打而难破，如虎而难走，抓抓也，啯啯也，溇溇（婆婆）〔二〕晓。【以上大小字共七十二个】〔三〕

又小字七十二

【此闫显所作，其人奸滑（猾）〔四〕已极，闫夫〔五〕不侍，因自作七十二小字，遂开列于后】

枝点百花光金谷，眉〔六〕合手，佛党齐。平章一〔七〕动而千势，伏乳子进身，天宫转地理。万物寄心能，

〔一〕此『神传小字廿七』指从『稳稳载』到『溇溇晓』共二十七个字。

〔二〕溇，据文义，当作『婆』字。（汉语大字典编辑委员会编纂汉语大字典：九卷本，第一一四九页。）

〔三〕此处『以上大小字七十二个』指『神传小字廿七』和前文『四十五大字』，共计七十二个字。

〔四〕滑，据文义，有狡猾、狡诈之意，当作『猾』字。

〔五〕闫夫，即前面称闫老师者。

〔六〕此处『眉』字，后文写为『弥』字。

〔七〕此处『一』字，后文写为『壹』字。

未出而变千〔一〕。入阳起落阴，望南一柱（炷）〔二〕香，伏地一杯酒，坐谈尔势力。出〈焉〉〔三〕马一枝花，如上东风勇千万。【此七十二小字，皆有图形可考，故未及注论以示之】

功成开祝话

天开地开，奉请黑白〔四〕猿老师夫（傅）〔五〕下天台，弟子△△△△〔六〕，妨（防）〔七〕身护体，护体妨（防）身。

香案前祝语【收操。习人做佛案，手对主案前】

阴请阴交，阳请阳交，不请自交，山前山后。

〔一〕后图『千』字在前，『变』字在后，见第四九〇页。

〔二〕柱，据文义，应为『炷』字之误。为保持原貌，后文『柱』字未作改动。

〔三〕此处『焉』字当为衍文，正文无此字，且加上『焉』字共计七十三个字，与前文所述不符。

〔四〕原文『黑白』二字合写，是一种俗字书写现象，与下文『猿』字相连应是『黑猿白猿』的意思。

〔五〕夫，据文义，应为『傅』字之误。

〔六〕原文如此。此段是套语，以此符号表示某某人。

〔七〕妨，据文义，应为『防』字之误。后同。

枝

头扶阳气。

立眉斗眼。

点

头阳目斗。

百

头阳目斗。

方入于止，双阳拳脾气为主。

花

头阳目斗。

双阳拳，落于膝，离方七二十，肺气收力。〔一〕

光

平眼正眼。

正身阳拳，脾气入力。

〔一〕此句如用古籍习惯阅读法则难以理解，故按照实际文义对阅读顺序予以调整。此种现象在后文多次出现，不再逐一标注。

金

头扶阳气。
立眉斗眼。

谷

立眉斗眼。

弥

立眉斗眼。
头扶阳气。

合

立眉斗眼。

手

立眉斗眼。

佛

头扶阳气。

立眉斗眼。

二足并齐阳离七廿，两阴手往上，顺头股平耳。

尧

头扶阳气。

立眉斗眼。

齐

阳气斗眼。

在左脾，拳气重右，拳心肝主。

平

正方顺力。

头扶阳气。

平眉正眼。

章

头扶阳气。

壹

二拳离方四指，胥（肾）气入力。

立眉斗眼。

动

头扶阳气。

立眉斗眼。

左拳边而右拳过。口贤（衔）[一]气入力。

[一] 贤，据文义，应为『衔』字之误。

而

立眉斗眼。

头扶阳气。

千

前阳气，后阴力，左右五行尽入。

头扶阳气。

势

左右手，脾力为主。

头八正力，平眉正眼。

伏

心气用力，气落肘心。头扶阳气。

乳

两手肾气，离口四指。立眉斗眼。

子

立眉斗眼。腰力入重。

进

两手脾气入力。

头扶阳气。

身

立眉斗眼

脾气入力。

天

左手气落肘心，右手肴（肾）气入力。

头扶阳气。

宫

身落腰力，脾力入重。

平眉正眼。

转

头扶阳气。

身入直力。

地

立眉斗眼。

二拳离身一尺，离地一尺。

理

头扶阳气，正身。

二拳脾力为重。

万

二拳对于耳，心气为主，头入以正方之力。

物

头扶阳气。

左右手气落肘心。

奇

立眉斗眼。

二拳俱阳，脾气主，力在肘心。

心

左右手心气为主。

头扶阳气。

能

立眉斗眼。

未

头扶阳气。

出

立眉斗眼。

二拳脾气为主，上下朝平。

而

二手肾气为主。

头扶阳气。

千

两手伏于耳下。

立眉斗眼。

变

左右手微屈，鼻肾气为主。左手扶右手以上，离前手四指。

头扶阳气。

入

立眉斗眼。

二拳脾力为重。

阳

头扶阳气。

起

平眉正眼。

身落阴气，左右拳肴（肾）气为主。

落

头扶阳气。

右拳离地，脾力为重，左拳对耳，平身入顺。

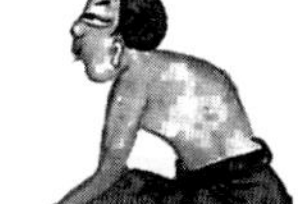

阴

立眉正眼。

二拳脾力为主。

望

左右脾力入重。

头扶阳气。

南

立眉斗眼。

一

头扶阳气。

左右手气落肘心，气落中身以内，俱是收力。

柱

二拳脾力为主，气落肘心。

立眉斗眼。

香

肾气落肘心，落下腰力。

立眉斗眼。

头扶阳气。

伏

脾力为主。
头扶阳气。

地

二肘俱在膝内，二手心肝入力。
立眉斗眼。

一

气落肘心，脾力为主。
头扶阳气，立眉斗眼。

杯

头扶阳气。

气落肘心，肾（肾）入力气。

酒

立眉斗眼。

坐

二肘俱膝上，脾气入力。

头扶阳气。

谈

二手一扣，脾肺入力。

立眉斗眼。

尔

气落肘心。

头扶阳气。

势

心、肘、脾三气入力。

立眉斗眼。

力

头扶阳气。

二拳八十字，脾气入力。

出

立眉斗眼。

左右脾力为主。

马

二手肴（肾）气为主。

头扶阳气。

一

右手气在肘心，左手脾气，落于骨节。

立眉斗眼。

枝

头扶阳气。

二手拳对是尖。

花

手指下上，气落肘心。

立眉斗眼。

头扶阳气。

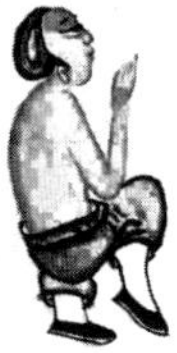

如

阴气入力，势半曲半直。

上

上阳下阴，尽力全是出足之势。

东

立眉斗眼，反势。
太阳用力。

风

半阳半阴。

勇

头扶阳气。

身入阳力。

左手直出，右手缩出肘外。

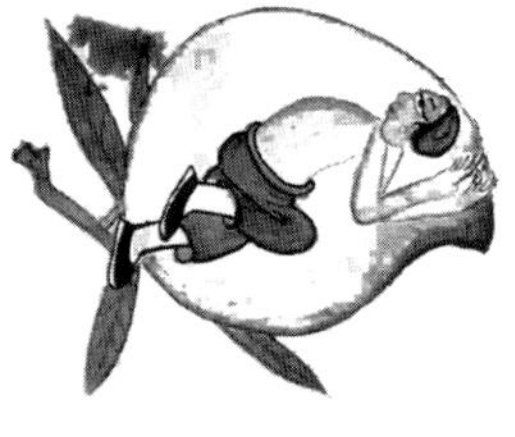

千

二手气落肘心。

立眉斗眼。

万

头入，以正身之力。

五行无所不至，全阳全阴，上起下落，浑元一气。